시퀀스

시퀀스

손문 지음

범우

시퀀스

모두에겐 삶의 고유한 '소명'이 있다. 소명의 여정을 시작하는 순간, 삶은 도전의 연속이다. 미국, 중국 그리고 프랑스. 달라지는 공간들, 그 변화가 빚은 삶의 철학에 대하여.

내가 건축가라는 직업을 통해 나의 생에 소명을 이루겠다고 깨닫게 된 시기는 미국과 중국을 경험하고 한국에 돌아와 교회 수련회에서 기도를 하는 중이었다. 기도는 나의 어릴 적 습관이었다. 어린 나이에 미국이라는 큰 대륙으로 나가 도전의 여정을 시작했을 때부터 어려운 시련이 있을 때마다, 이 세상에 있는 누군가에게 기대는 것이 아니라 눈에 보이지 않는 신에게 나의 어려움을 토하고 나면 그때서야 마음의 중심을 잡곤 했다. 고등학교 2학년, 건축은 나에게 눈에 보이지 않는 생각과 시대의 이야기를 담은 거대한 작품을 세우는 일이었다. 그것을 통해 옛 선현들의 삶을 이해하고 현재 사람들의 삶을 담으며, 공간을 통해 미래를 만들어가는 일이 어린 나의 마음을 울렸다.

지금 돌이켜보면 나는 윈스턴 처칠Winston Churchill의 "사람은 공간을 만들고, 그 공간은 사람을 만든다"라는 말을 직접 삶으로 경험했다. 실제로 주어진 제한된 시간 속에서 공간이 변할 때마다 생각, 행동, 성취, 목표도 변화했다. 이렇게 남들과 다른 길을 선택한 것은 이른 나이였다. 대한민국 서울 금융의 중심지, 여의도에서 편안한 학교생활을 보내고 있던 내가 바라본 대한민국에서의 나의 미래는 의무 교육과 의무 복무를 마치고 대학을 졸업한 뒤 직장에서 일을 하는 삶이었다. 하지만 그것은 내가 원하던 삶과는 조금 달랐다. 나는 남다른 상상력으로 이 세상을 변화시킨 탁월한 사람들과 같은 삶을 살겠다는 꿈을 품고 미국으로 떠났다.

이것은 자서전이 아니다. 나는 그런 글을 쓸 만큼 오래 살거나 대단한 일을 해보지 못했다. 그저 새로운 국가에서 건축가로서 영향력을 더 키우기 위해 한국을 떠나기 전 잠깐 있는 동안, 내가 그동안 도전해온 미국, 중국, 프랑스 그리고 대한민국 최전방 DMZ, 이 너무나 다른 공간에서의 삶의 변화와 여러 국가에서 배운 문화와 경험, 지식의 축적이 건축가라는 꿈을 좇아온 나에게 어떤 직접적인 영향을 주었는지 이 글을 읽는 독자들과 나누고자 한다. 스물여덟 해 남짓 살아온 이 젊음에게도 믿음이 있다면, 그것은 앞으로 어떤 현실을 마주할지라도 그 꿈을 포기하지 않겠다는 다짐이 아닐지. 삶은 여행이지 목적지가 아니라 했다.

아버지가 어렸을 때부터 늘 하셨던 말씀이 있다. '아들아, 젊은

날의 아름다움은 좀 더 진하고 깊고 열정적으로 경험을 하는 것, 그 자체가 아름다움이야.' 나는 이 교훈을 오늘까지도 늘 마음에 새기고 있다. 그것을 위해 조금 일찍 다른 길을 선택했고, 한곳에서 무언가를 이루고 달성하면 안주하지 않고 또 새로운 도전을 위해 떠났다. 성경에 바울이라는 인물이 있다. 예수님의 십자가 사건 이후, 바울은 그의 가르침과 복음을 전하기 위해 새로운 땅에 교회를 세우고 말씀을 전했다. 디아스포라의 삶을 산 그는 자신의 소명을 이루기 위해 끊임없이 새로운 곳에 나아가 예수의 복음을 전하는 개척자의 삶을 살았다. 바울처럼 새로운 곳으로 나아가는 것은 언제나 두려운 일이지만, 새로운 공간에서 변화되고 성장할 나의 미래를 상상하고 10년 뒤 꿈을 이룬 모습을 생각하면 마음이 설렌다.

그러나 이 글이 지금 급격히 변하는 코로나 시대에 도피처로 유학을 가거나, 목표 없이 새로운 공간으로 떠나는 사회 현상처럼 보이는 것을 원하지 않으며, '꿈'을 파는 글도 되지 않기를 바란다. 그저 이 세상의 다양한 경험을 하고 내가 자유로이 하고 싶은 일을 이 세상에 도움이 되는 일로 만드는 우리 존재의 가장 큰 행복과 삶의 진리는 변하지 않는다고 믿기에, 나는 이 글을 읽는 모든 이들이 자신만의 길을 걷고, 설령 상대적으로 사회적 명예와 부를 이루지 못하더라도 그 길을 묵묵히 걷는 과정이야말로 아름다운 삶이라는 이야기를 하고 싶다.

건축가는 사람들의 삶을 디자인하는 직업이며, 건축가가 그리는 삶의 시나리오에 따라 사람들의 삶은 변화한다. 짧게는 10년, 길게는 100년의 미래를 그리는 작업을 통해 우리는 어쩌면 과거 건축가들의 시나리오대로 살고 있는지 모른다. 나는 그런 건축가의 시야를 공부하는 동시에 나의 삶을 그리는 훈련을 해왔다. 처음 유학을 떠난 시점부터 어떻게 사는 것이 잘 사는 것이냐는 질문을 매일 밤 자문하며 잠들었다. 그 묵상과 기록이 축적되고 15년이라는 시간이 흘러, 이제 조심스레 용기를 내어 책으로 내게 되었다. 공간의 변화에 따라 세상을 살아가는 인간의 삶을 디자인하는 건축가라는 직업을 갖고 있으며, 동시에 현시대를 살아가는 한 인간으로서 세계로 향한 나의 삶의 여정에 대한 이야기를 용기 내어 적어보려 한다.

2020년 겨울
대한민국 최전방 DMZ에서

"모두에겐 삶의 고유한 '소명'이 있다.
소명의 여정을 시작하는 순간, 삶은 도전의 연속이다."

손문

검정색 박스 속 빛 한줄기

'다이버전트'라는 영화가 있다. 잦은 전쟁과 자연재해로 폐허가 된 도시에서 인류는 다섯 개의 분파로 나뉘어 자신이 속한 분파의 행동 규범을 절대적으로 따르며 철저히 통제된 세상에 살게 된다. '핏줄보다 분파'가 중요한 사회에서 모든 구성원은 열여섯 살이 되면 평생 살아갈 분파를 결정하기 위해 테스트를 치르게 되고, 그중 어느 분파에도 속하지 않아 금기시되는 존재 '다이버전트'로 판정받은 소녀 '트리스'가 나타난다. 정부에서 개발한 감각 통제 시스템으로 통제할 수 없는 강한 의지를 지닌 '다이버전트'는 결국 모든 분파를 지도하는 '지도자'가 되며, 그곳을 떠나 새로운 땅을 찾아 떠난다는 열린 결말을 가진 영화이다.

고대부터 현대 사회에 이르기까지 이러한 분파와 조직은 늘 존재해 왔다. 생존을 위한 동물 사냥을 위해 모인 부족, 현대에 와서는 국가와 기업, 작게는 소규모 집단의 모임 혹은 가정도 그 일종으로 볼 수 있다. 사람들이 모이면 그 안에서 질서를 지키기 위해 법과 규제가 생기고, 이러한 현상은 지극히 자연스럽다. 그러나 관리자의 능력 부재는 곧 통제로 이어져 왔다. 개인의 자유가 억압될수록 개인들은 자신의 권리와 자유를 위해 질서를 통제하는 이들과 맞서 싸워왔다. 이러한 현상은 우리 인간들만이 보이는 현상은 아니며, 자연에서 동물들이 생존을 위해 무리를 지어 자신을 보호하는 것을 보면 지극히 자연스러운 현상이다. 나는 이러한 사회 조직 시스템이 질서를 유지하고, 또 사소한 분쟁을 막는 수단으로는 분명 필요하다고 생각한다. 그러나 통제가 개인의 고유한 생명성을 억압하거나 잠재된 개성과 역량을 방해할 때 사회는 발전하지 못하고 부패하며, 결과적으로 창의적이지 못한 획일화 사회를 만든다고 생각한다.

동물은 분명 인간과 다른 생명체이다. 최근 연구에 따르면, 동물도 인간의 혼의 영역인 감정을 느끼는 정서의 영역이 있음이 증명되었다. 동물 또한 자신의 새끼를 보호하려는 본능과 감정이 있다는 것이다. 고대 철학자들은 동물과 다르게 인간만이 사고할 수 있는 이성을 지녔다고 주장했다. 혼Psyche은 이성과 지식, 정서와 감정, 의지와 욕망을 포함한다. 그렇다면 동물과 인간의 차이는 이성뿐인 것일까. 프랑스에서 유학했을 때, 나는 인간을 구성하는 요소 세 가지를 정리했다. 육체, 혼(정신), 그리고 영이다. 육체는 우리 모두가 잘 알고 있듯, 몸이다. 우리 인간은 태어나는 순간부터 성장을 통해 몸의 변화를 경험한다. 몸은 생각과 영혼을 담는 그릇이다. 혼, 즉 정신은 위에도 얘기했듯이, 우리가 생각하고 느끼는 영역이다. 마지막으로, 사람들에게 다소 생소한 영Pneuma은 한 인간의 생명, 직관과 잠재의식을 담당하는 영역이다. 이 영혼의 자유가 심리학자 매슬로

우A. H. Maslow가 인간의 욕구 중 가장 마지막 단계에 얘기한 '자아실현' 단계이다. 기본적으로 인간은 생존을 위해 먹고, 자고, 입을 것이 필요하다. 이 욕구가 해결되면, 집단에 속해 소속감을 느끼는 사회적 욕구에 대한 필요를 느끼고, 그 안에서 존경받는 위치에 서기 위해 인정과 관심 등 외부로부터의 존경 욕구를 갈구한다.

마지막에 해당되는 영역인 자아실현의 욕구가 매우 중요하다. 이것은 영과 직결되는 얘기다. 자신만의 고유한 생명이 가진 잠재력을 발휘하는 것, 자신이 될 수 있는 것이 되고자 하는 욕구가 인간이 지닌 가장 큰 욕구라는 것이다. 이것은 한 생명이 자신을 끊임없이 채찍질하고 낯설고 새로운 환경과 도전에 부딪쳐야만 알 수 있는 특별한 영역이다. 그러나 사회 제도나 시스템이 한 생명의 한계를 제한해 버린다면, 그때 생명은 그 박스의 형태에 갇혀 버릴 수 있다. 이 문제를 해결할 두 가지 방법이 있는데, 첫째는 내가 속한 박스의 형태를 변형시키는 것이다. 또 다른 방법으로는, 새로운 공간에 뛰어들어 나의 잠재력의 한계에 도전해보는 수밖에 없다. 그러나 전자는 매우 어려운 일이다. 인간은 적응의 동물이므로. 나는 공간의 변화가 나 자신이 발견하지 못한 내 안의 빛을 직접 눈으로 마주할 수 있는 유일한 방법이라고 생각한다.

대한민국을 대표하는 건축가 승효상 선생의 말에 따르면 '지성인이란 주변에 기대지 않고 자신이 속한 경계 밖으로 나가 객관적 시각으로 냉철하게 관찰하고 연구하는 자'이다. 현대 사회는 여러 가지 방법으로 개인의 한계를 스스로 제한하게 만든다. 물질만능주의로 변질된 '자본주의' 사회에서는 위에 말한 인간의 가장 큰 가치가 인간이 추구할 궁극적 가치로 여겨지지 않는다. 그러나 자신이 무엇을 입을지, 무엇을 먹을지, 어떤 곳에 사는지를 고민하기보다 삶의 소명을 놓치며 사는 것이 가장 큰 불행이라는 것을 조금 더 일찍 깨닫는다면 삶은 더 풍요로워지고 자유로울 것이다. 인간은 태어나는 순간부터 필연적으로 시간과 공간의 제약을 받는다. 내가 태어난 가정과 국가는 나의 자유 의지로 선택할 수 없다. 하지만 내가 어떤 삶을 살지는 스스로 결정할 자유가 있다. 높은 가치를 지향하는 사람에게는 결국 거기에 앞선 모든 욕구들을 채울 능력이 분명 따라온다. 그러나 이 글을 쓰는 나 또한 이 진리를 마음으로 깨닫기까지는 꽤 오랜 시간이 걸렸다. 오늘 이 글을 쓰기까지 돌이켜보면, 나는 천여 권이 넘는 책을 읽고 기록하고, 땀 흘려 운동하며 내 안의 잠재력을 끄집어내는 실천을 행동으로 옮겨 왔다. 이 글을 읽는 누군가가 '빛'이 되는 방법을 깨닫고, 자신의 한계를 제한하는 '검정색 박스'에서 자신을 꺼냈으면 한다. 새로운 공간으로 도전의 여정을 떠나 자신만이 가진 고유의 잠재력을 발견한다면 어느 순간 자신이 상상하지 못한 자신을 마주할 것이라고 확신한다.

검정색 박스에서 자신을 꺼내는 일에는 용기가 따른다. 니체는 형식이라는 박스 안에서 나올 용기를 가진 자만이 비로소 자신과 마주할 수 있다고 말했다. 계속 강조하지만, 형식이 중요하지 않다는 얘기가 아니다. 그러나 형식을 벗어나 새로운 형식이 존재하는 것을 직접 눈과 몸으로 경험한다면 그것은 가능성이 된다. 지금의 현실에 불평불만을 늘어놓으며 온라인과 미디어 세상에서 빛이 나는 사람들을 구경만 하고 한탄하기엔 인생이 너무 아깝지 않은가. 인생에 내일이 있다는 것은, 새로운 나를 발견할 가능성이 있다는 의

미다. 어제의 자신이 만족스럽지 못한 이들은 새로운 내일을 꿈꾸길 바라며, 오늘이 만족스러운 이는 스스로를 채찍질해 더 발전할 가능성을 얻기를 바란다.

자, 서론이 길었다. 미국, 중국, 프랑스를 거쳐 대한민국 DMZ 최전방까지, 내 삶의 공간 변화에 따라 소명을 발견해온 삶의 시퀀스를 나눠보려 한다. 첫 도전의 시작은 미국이다.

차례

제2장 중국 베이징

제3장 한국 서울

제4장 유럽 프랑스

제5장 프랑스 파리

시퀀스 그 후

제1장

미국 보스턴

자유의 나라, 미국

Find Your Way

"나를 찾아가는 길은 기존 규범과 결별하는 데에서 시작한다."

- 헤르만 헤세

오늘날 국가 간 교역 90% 이상이 해로海路를 통해 이루어지고 있는데, 주요 자원을 운송하고 대양에 진출할 수송로를 확보한 국가가 바로 미국이다. 미국은 동쪽이 대서양, 서쪽이 태평양으로 열려 있으며 강대국으로 커나가는 데 중요한 지리적 요인으로서 길과 자원을 확보했다. 또한 국내적으로 남과 북에 물류를 운송하는 데 최적인 미시시피강이 흐르고 있다. 넓은 국토 면적은 풍부한 지하자원과 각종 에너지 자원인 석탄, 석유, 천연가스, 철광석 등 주요 광물의 매장량과 생산량을 확보할 수 있었다. 이와 더불어, 13개 주에서 시작해 점차 영토를 확장할 수 있었던 것은 미국의 '진취적인 용기'의 산물이다. 처음 미국으로 떠난, 중학교 1학년생이었던 나는 개인의 자유를 위해 자국의 힘을 갖춘 미국의 지정학적인 요인을 인지하지 못했다. 당시 나는 서울 여의도에서 초등학교를 다니며 회장을 도맡고 축구를 좋아하고 공부도 곧잘 하는 요즘 말로 '인싸' 학생이었다. 그러나 내가 그린 나의 미래는 학업을 마치고 남들과 똑같이 좋은 대학을 졸업하고 좋은 회사에 들어가는 모습뿐이었다.

눈에 뻔히 보이는 정해진 미래가 나를 옭아맸다.

그러한 답답함이었을까. 그 당시 축구를 같이 하던 친한 친구가 여름에 뉴질랜드로 어학연수를 갔다 왔다는 소식을 들었다. 친구가 새로운 곳에 살며 느낀 것을 나에게 나눠줬을 때, 로버트 프로스트 Robert Frost의 말이 내 가슴을 울렸다.

'갈라진 두 길이 있었지, 그리고 나는 사람들이 덜 다닌 길을 택했고, 그것이 모든 것을 바꾸어 놓았네.'

전혀 상상하지 못한 환경과 공간. 나에게는 새로운 공간으로 떠나 그곳에서 배울 수 있는 것을 온몸으로 배우고 싶다는 마음의 울림이 있었다. 그때, 나와 동생을 낳고 늦은 나이에 다시 박사 공부를 마친 어머니께서 포스트 닥터 과정을 위해 미국으로 갈 수도 있다는 계획을 듣게 됐다. 이것이 나의 인생에 있어서 첫 기회이자 도전의 시작이었다. 그 당시 미국 유학을 배경으로 한 '로비스트(2007)'라는 드라마가 있었다. 어린 시절 아버지와 함께 미국으로 떠난 주인공이 길 한복판에서 미국인 마피아에게 총살당한 아버지를 끌어안고 울던 장면이 아직도 생생하다. 어린 나에게 미국의 이미지는 할리우드 영화에 나오는 멋진 모습뿐만이 아니었다. 유학생으로 마주할 미국에 대한 두려움이 컸다. 혹시나 어머니와 여동생과 떠난 미국에서 그러한 일이 생기면 어떡할까 하는 두려움과 새로운 곳에서 얻을 수많은 경험에 대한 설렘을 안고 나는 미국행 비행기를 타게 되었다.

아버지와의 카드 게임

Oasis in Desert

"사막이 아름다운 이유는 사막 어딘가에 우물이 숨어 있기 때문이지."

- 생텍쥐페리

장시간 비행기를 타는 것이 슬슬 피곤해졌을 즈음, 아버지가 처음 보는 카드를 꺼내시며 나를 쳐다봤다.

"손문, 아버지와 카드 게임 한 판 할래?"

볼 영화도 거의 다 본 나에게 아버지가 재밌는 제안을 하셨다.

"네, 좋습니다."

명절에 어른들이 붉은색 카드로 게임을 하는 것을 본 적은 있지만, 영어와 멋진 문양이 있는 트럼프 카드는 그날 처음 보았다. 아버지께서는 게임의 규칙을 설명해주시고 카드를 나눠주셨다. 평소 지는 것을 싫어하는 나는 금방 게임에 몰입했다.

"원 카드!"

내리 세 판을 지고 네 번째 판에도 아버지는 승리를 확신하며 원 카드를 외치셨다. 그러나 나는 늘 이길 때까지 게임을 했었다. 아버지께 다시 도전을 요청하고 이번만큼은 꼭 이기리라 다짐했다. 아버지는 다시 카드를 섞으시고 나에게 카드를 나눠주셨다. 그런데 이게 웬일일까, 가장 강력한 조커 카드가 나의 패에 들어와 있었다. 나는 기쁨을 누르고 게임에 몰두했다.

"원 카드!"

나는 외쳤다. 그리고 첫 번째 승리를 거뒀다. 그러나 총 점수로는 4대 1인 상황, 나는 결코 지는 게임을 하지 못한다. 계속해서 아버지께 도전을 요청했고, 아버지는 흔쾌히 수락했다. 나는 연달아 세 판을 이겨내고 점수는 4대 4가 되었다. 게임의 가장 중요한 순간, 카드 패를 보고 나는 기쁨을 감추지 못했다.

"투, 베리 굿!"

패를 확인했을 때 다시 한 번 가장 강력한 카드 조커가 나의 카드에 들어와 있었다. 영어 문법상 맞지 않는 표현이지만, 나는 내가 할 수 있는 가장 기쁜 언어로 나의 승리를 확신했다.

"투, 베리 베리 굿!"

결국, 5대 4로 아버지와의 카드 게임은 끝이 났다. 시간이 지나서도 아버지는 이 얘기를 꺼내신다. 게임의 주최자였던 아버지가 사랑하는 아들이 기뻐하는 모습을 보기 위해 몰래 조커 카드를 넣어

놓으셨다고 하셨다. 아버지에게는 게임의 승패를 떠나 아들과 함께 보내는 시간, 그 자체가 기쁨이었던 것이다. 긴 시간을 소일하기 위한 작은 카드 게임이었지만, 나는 이 게임을 통해 삶의 유희와 사람 간의 관계 속 사랑을 배웠다.

현대 사회는 경쟁 구조이며 소수를 위해 많은 이들이 불행과 열등감에 사로잡힌다고 흔히 이야기한다. 그러나 삶을 살아가다 보면, 가끔 자신이 설령 게임에서 지더라도 사랑하는 사람을 위해 기꺼이 자신의 패를 주는 경우가 있다. 내가 사랑하는 이의 기쁨이 자신의 기쁨이 되는, 이성과 논리로는 이해되지 않는 일들이 일어난다. 프랑스 소설가 생텍쥐페리Saint-Exupery의 소설 《어린 왕자》의 '사막이 아름다운 이유는 오아시스가 있기 때문이다'라는 말처럼, 나의 험난한 모험의 여정에서도 오아시스 같은 장소와 사람들이 있었다. 다른 시간이었으면 마주하지 못할 뻔했던 '운명적인 사람'이었거나, 아무렇지 않게 준 도움이 한 사람의 인생에 '터닝 포인트'가 되기도 했다. 혹시 자신의 꿈이 먼 나라 이야기가 되었거나, 관계에 회의만 드는가. 어제의 불운한 나는 어제에서 잘라내자. 오늘 나에게 확고한 계획과 삶의 원칙이 있다면 내일은 오아시스가 기다리고 있을 것이다.

약속의 땅, 보스턴

Just Do It

"모든 것의 시작은 위험하다. 그러나 무엇을 막론하고,
시작하지 않으면 아무것도 시작되지 않는다."

- 프리드리히 니체

하버드 대학과 MIT 공대 등이 위치한 미국 보스턴에서 마주한 모든 것은 새로웠다. 거대한 꿈과 도전에 대한 열망을 품고 도착한 그곳에서 내가 받은 첫인상은 상쾌함이었다. 서울 가로수의 3배는 되는 가로수와 벤치, 붉은 벽돌과 나무로 지어진 주택 하나하나가 내가 살던 한국과는 많이 다른 풍경이었다. 길거리를 지나서 마주한 사람들은 활기가 넘치고 자유로워 보였다. 무엇보다 한 사람 한 사람의 표정이 풍부했다. 개를 산책시키며 조깅을 하는 사람과 벤치에 앉아 책을 보는 노인 등 서울의 거리 풍경과는 많이 달랐다. 한국에서 봤던 드라마 속 풍경과는 다르게 매우 한적하고 깨끗한 도시였다.

내가 다니게 될 미국 공립 중학교 Laurence Middle School은 집과 멀지 않은 곳에 위치해 있었다. 짐도 풀지 않은 채 학교로 달려갔다. 15분 정도 걸어가 마주한 학교는 또 하나의 놀라움이었다. 잔디로 된 미식축구 경기장처럼 보이는 거대한 운동장 필드와 르네상

스 양식의 학교에서 내가 보낼 시간을 그려 보니 마음이 설레었다. 물론 한 번도 대화해본 적 없는 외국인 친구들을 사귀고 학교에 잘 적응할 수 있을지에 대한 두려움도 있었지만, 새로운 도전에 대한 설렘이 더욱 컸다. 학교에서 좀 더 걸어 내려가면 영어로 쓰인 간판의 상점과 식당들이 보였다. 신기하게도 가게와 상점을 따라 걷다 보면 작은 규모의 공원과 농구 코트가 있었다. 내가 그곳에 얼마나 머무를지는 아직 알지 못했지만, 이곳에서 사는 사람들의 일상이 머리에 그려지면서 내가 마주할 미래도 함께 그려졌다.

미 동북부의 보스턴이라는 공간은 나의 뇌에 완전히 새로운 공간으로 저장되어 있다. 그곳에서 보낸 시간과 함께한 사람들과의 추억들이 모여 하나의 공간이 되었다. 그전까지 내가 여의도라는 정해져 있는 공간에 머물렀다면, 새로운 공간에 들어가는 순간부터 나는 나의 기억에 새로운 지도를 그리게 되었다. 그 지도에는 내가 만난 사람과 시간을 보낸 공간뿐만 아니라, 직접 눈으로 본 수많은 건축물과 도시의 풍경, 그 도시가 뿜어내는 향수와 공간감 그리고 문화가 있다. 내 경험의 새로운 방을 열게 된 것은 시야의 확장이었다. 새로운 방을 열기 전까지는 전혀 그려 볼 수 없었던 세상. 그 사람들의 삶의 형태와 문화, 그리고 나와 다른 국적과 배경을 가진 사람들을 만나며 새로운 나를 만들어가고 있었다.

온라인과 오프라인의 융합, 디지털 세대

Write Your Own History

"역사는 항상 새롭게 다시 쓰이며, 따라서 모든 역사는 현재의 역사이다."

- 칼 베커

나는 우리나라에서 왜 이렇게 세대를 구분하나 싶을 때가 있다. 세대 구분은 각 세대를 카테고리로 분석하고자 하는 사회학자들의 해석일 뿐, 그것이 과도해지면 오히려 세대 갈등을 만들고 구성원을 개성을 가진 인간의 형태로 존중하는 다양성을 저해한다고 생각한다. 그래도 굳이 나의 세대를 하나의 카테고리로 얘기하자면, 1980년에서 2005년 사이에 태어났으니 디지털 세대 혹은 MZ세대라고 할 수 있다. 나는 초등학교 때 집 전화를 사용해 친구들과 축구 약속을 잡는 것에 익숙했다. 고학년이 되었을 즈음엔 슬라이드 디자인의 핸드폰을 사용했고, 처음으로 휴대전화로 TV를 보는 DMB 휴대폰도 경험해봤다. 중학교에 입학했을 즈음엔 버튼이 아닌 손으로 터치해서 사용하는 휴대폰을 사용했고, 미국에서 중학교에 다닐 때에는 애플사의 아이팟 터치가 나왔다.

이렇게 나는 분리되었던 디지털 공간이 오프라인과 하나가 되는 변화의 시기를 체험하며 자랐다. '가상은 실재와 대립하는 허구가 아니라 충분한 실재성을 독자적으로 가진 현실이다'라고 했던 G. 들뢰즈Gilles Deleuze의 말의 입증됨을 체감했다. 나는 버디버디와 네이트온과 같은 신개념 플랫폼을 통해 멀리 떨어져 있는 친구와 실시간으로 소통하는 것에 익숙했다. 그중 가장 혁신적인 플랫폼은 싸이월드였다. 싸이월드는 미국에 사는 내가 한국의 친구들과 소통할 수 있는 신개념 공간이었다. 메일과 통화가 아니더라도, 서로의 소식을 공유하는 이 공간에서는 언제든지 한국에 있는 친구들과 만날 수 있었다. 하루는 가장 친한 친구의 생일이었다. 싸이월드 게시판에 친구에게 쓴 생일편지를 찍은 사진을 공유해 마음을 전했다. 시간이 지난 지금도 친구가 이때의 고마움을 얘기하는 것을 보면, 온라인 속에서의 사소한 마음을 전하는 일 또한 진심을 전하는 방법이 되었음을 증명하는 것 같다. 코로나 이후, 온라인의 영토는 재택근무와 온라인 강의 등으로 확장되고 있다. 앞으로 메타버스라는 온라인 가상공간에서 자신의 부동산 자산을 사고팔고, 학생들은 강의를 듣고 직장인들은 미팅하고 업무를 진행할 삶도 머지않아 보인다. 과거에는 정치와 경제 상황을 수직적인 구조의 레거시 언론을 통해 접했던 시민들도 이제는 유튜브나 각종 플랫폼을 통해 누구든지 자신만의 미디어를 생산할 수 있게 되었다. 또한 교육기관이 아니더라도 각 세계의 정보를 수평적으로 공유하는 탈구조주의 사회가 되어가고 있음을 가상공간과 현실공간의 융합이 보여주고 있다.

이러한 시대의 흐름 속에서, 나는 한국인 친구들과 온라인에서 교류하면서 미국이라는 오프라인 공간에서 시간을 보냈다. 그러나 분명 온라인에서 만나는 관계의 소통엔 한계가 있었다. 한국과 미국의 시차, 이미지와 텍스트로 소통해야만 하는 한계뿐 아니라, 집단에 속했을 때 느낄 수 있는 물리적 교감의 한계가 존재했다. 온라인으로 관계를 지속하더라도, 정서적으로 교감하고 매일 만나는 누군가가 나에게 더욱 직접적인 영향을 주는 것을 느꼈다. 가장 많은 시간을 보내는 친구를 보면 그 사람을 알 수 있다는 말이 있다. 함께 시간을 보내는 것은 단순히 대화와 소통을 넘어서, 공통의 추억을 쌓는 기억의 공간을 만들며 그 시간 동안 자신을 형성한다. 이는 매우 중요하다. 이것이 쌓여 10년 뒤에 나를 결정하기 때문이다. 나는 미국인 친구들과 함께 공통의 추억을 만들며 나의 새로운 방을 열었다. 이 공간에서 내가 사용하는 언어와 문화 그리고 공통의 추억으로 빚은 새로운 나는 동부 미국인 사회 속 한국인으로서 정체성 충돌을 겪었다. 나의 사고는 확장되고 있었다. 시간이 지나, 두 다른 내가 합쳐져 나는 더 확장된 사고의 공간을 갖게 되었다. 각자 다른 문화와 상황에 적절하게 맞추어 어떤 문화 속에서도 자유롭게 소통할 문화적 유연성을 갖게 됐다. 이러한 능력은 추후 중국과 프랑스에 적응하고 새로운 언어와 문화를 배울 때 아주 큰 자산이 되었다.

새로운 방, 나의 가치관

Build Your Own Path

"한 사람이 걸어가고 걸어가는 사람들이 많아지면 그것이 곧 길이 되는 것이다."

- 루쉰

새로운 곳에서 새로운 자아의 방을 생성하는 것은 나의 가치관을 세우게 된 첫 경험이었다. 사람마다 자신의 가치관이 정리되는 시기가 다르듯이, 나는 변화하는 환경 속 경험을 통해 나만의 가치관을 세우게 되었다. 가치관이란 한 사람이 자신의 삶을 규정하는 데 중요한 가치들을 말한다. 누구에게는 돈과 명예가 될 수 있고, 누군가를 도와주는 이타심이 될 수도 있으며, 사랑하는 한 사람과 보내는 시간이 가치가 될 수도 있다. 이처럼 모두가 똑같은 곳에 있어도 가치관과 생각의 차이에 따라 삶의 모습이 달라지기에 한 공동체의 중심이 되는 공공의 가치와 각 개인이 추구하는 삶의 가치는 매우 중요하다. 돈의 축적에만 가치를 두는 사람은 그것에 따라 오늘 만나는 사람과 자신이 할 일을 선택할 것이고, 누군가를 도와주는 일에 보람과 성취를 느끼는 사람은 돈이 따르지 않더라도 자신의 가치에 따라 오늘 누군가를 돕는 일을 할 것이다. 이렇듯 나 자신의 가치를 명확히 세우고 그것을 실천할 때 나만의 주체성을 갖는 시작점이 된다.

우리가 흔히 '저 사람은 참 우유부단하다. 앞과 뒤가 다르다'고 칭하는 사람들이 있다. 이들은 자신이 무엇을 지향하는지, 어떤 가치를 추구하는지에 대한 질문을 스스로 단 한 번도 하지 않았을 가능성이 높다. 죽기 전까지 자신이 정말 하고자 하는 일을 모르고 죽는다는 것은 얼마나 불행한가. 오늘 무엇을 하는지가 미래의 나를 결정한다면, 내가 오늘 세운 가치에 따라 나의 미래도 결정된다. 미국으로 떠나 새로운 방을 연 그 순간, 내겐 남들이 가지 않은 길로 나아가 '새로운 도전'을 하는 것이 큰 가치가 되었다. 아이작 뉴턴Isaac Newton은 '굳은 인내와 노력을 하지 않은 천재는 이 세상에 존재했던 적이 없다'고 얘기했다. 국가를 대표하는 축구 선수가 강도 높은 훈련을 통해 경기에서 점수를 냈을 때의 그 벅참과 쾌감은 어떨까. 아무리 경기를 많이 본 평론가나 축구 관련 서적을 읽은 사람이더라도 그 선수를 완전히 이해할 수 없다. 내가 직접 경기를 뛰고, 그 선수처럼 자신의 한계에 부딪혀보고 이뤄냈을 때야 비로소 그것을 체험하고 경험할 수 있다는 얘기다.

낯선 모험에 뛰어드는 용기와 행동은 자신감이 필요한 일이면서 동시에 두려운 일이다. 그러나 스스로 나만의 새로운 공간을 만들었을 때, 그동안 보지 못한 새로운 것들이 보이게 될 것이다. 나는 이것이 그릇을 키우는 일이라고 생각한다. 돈으로 살 수 없는 경험과 시야를 갖게 되는 것은 나의 가치관 중 가장 중요한 가치가 되었다. 이것이야말로 똑같은 시간에 출발한 두 사람이 10년 뒤 전혀 다른 인간상을 이루게 되는 차이이다. 새로운 경험은 실패하더라도 값지다. 그러니 행동을 두려워하지 말고, 행동을 통해 배운 것들을 기록하다 보면 무엇이 값지고 무엇이 의미 없는 것인지를 하나씩 분별할 지혜가 생길 것이다. 이 세상에서 특별하고 위대한 일을 이뤄낸 사람들은 모두 새로운 방을 가진 사람들이었다. 새로운 방을 열어 '대체 불가능한' 존재로서 자신만의 길을 만들어가야 한다. 남이 만들어놓은 방 안에 갇혀서 삶을 탓하는 것은 어리석은 일이다.

나는 위와 같은 '자신만의 길'을 조금 더 무겁게 표현해 자신만의 '소명Vocation'을 갖는다고 말하고 싶다. 우리 모두에게는 각자의 소명이 있다. 나는 자신만의 소명의 길을 끝까지 포기하지 않고 이뤄낸 사람들이 시대를 변화시키는 위인이 된다고 믿는다. 다른 어느 누구도 자기 고유의 소명의 길을 알려줄 수는 없다. 제한적인 시간 속에서 끊임없이 자신에게 묻고 행동해야만 깨달을 수 있다. 어떠한 성취를 이뤘다고 해서 소명을 완성했다고 단언하는 것은 불가능하다. 삶은 멈추지 않기에 죽는 날까지 지속해서 스스로 물어야 한다. 소명에 대한 물음과 자신만의 답이 나만의 소명을 만들어가는 것이다. 나는 한 직업을 꿈으로 삼고 돈의 액수를 목표로 정한 이들이 그것을 성취하고 나서 공허하고 허무해지는 것을 보았다. 그러나 소명을 꿈으로 삼는다는 것은 살아 숨 쉬는 동안 채우고 비우는 과정을 통해 때로는 성취하고, 때로는 비우고 내려놓을 줄 아는 지혜를 배우는 것이다. 서른이 되기 전에 쓰는 이 책 또한 내겐 소명을 이뤄가는 하나의 과정이다. 그동안 배우며 정리한 나의 경험과 삶의 철학이 누군가의 첫 소명의 여정을 시작하는 동기가 된다면, 그것보다 영광스러운 일은 없을 것이다.

버락 오바마를 좇아서

Act Like Your Dream Person

"당신이 만나고 싶은 사람처럼 행동하라."

- 윌리엄 제임스

날이 좋은 날, 점심을 먹은 바로 직후 ESLEnglish Second Language 반에서 수업에 집중하지 못하던 학생들에게 선생님은 뜻밖에 단비 같은 얘기를 하셨다. 모레가 공휴일이라는 것이었다. 선생님은 우리에게 그 공휴일이 어떤 날인지 설명해주셨다. 그날은 미국 인권 운동가, 마틴 루서 킹 주니어Martin Luther King Jr.의 날이었다. 수업이 끝나기 직전 선생님께서 그의 연설 'I have a Dream' 영상을 보여주셨다. 내가 공부했던 Laurence middle school은 백인이 70%, 흑인이 20%, 나머지 아시아인을 비롯한 인종이 10% 정도 되는 학교였다. 나는 그중 유일한 한국인이었다. 보스턴이라는 지역 특성상 엘리트 유대인 백인 부모를 둔 학생들이 대부분이었고, 그 친구들은 토요일에 가족들과 히브달라 축복을 보내는 게 전통이었다. 그의 연설 이후 나온 짧은 장면은 어린 내게 큰 충격이었다. 미국 인권운동가였던 그의 연설 이후 이어진, 흑인이 노예로 고통받던 장면을 담은 영상 때문이었다. 흑인 대통령이 선거에 출마할 정도로 변화된 미국 사회에서는 여전히 흑인들이 노예 생활을 하던 장면을 교육

하고 있었고, 다양한 인종이 함께 공부하는 학교에서 어린 내게 그 영상은 불편했다. 우리 대한민국에서도 일제 식민지에 대한 역사를 가르치지만, 일본인 친구와 함께 그 교육을 받는다고 생각하면 복합적인 감정이 들 것 같기 때문이었다.

내가 미국에서 유학을 한 2008년은 당시 미국인들에게도 역사적인 날이었다. 그 해, 미국의 민주당 예비 선거에서 힐러리 클린턴Hillary Rodham Clinton과 치열한 유세 끝에 버락 오바마Barack Obama가 대선 후보로 지명됐다. 그리고 2008년 11월 대통령 선거에서 그는 공화당 후보인 존 매케인John McCain을 압도적인 표차로 누르고 대통령에 당선되어 2009년 1월 20일에 제44대 미국 대통령으로 취임했다. 이것은 흑인들의 300년 숙원이 이루어진 것을 의미한다. 여전히 차별받고 있는 현실 속에서 흑인이 세계 초강대국 미국의 대통령이 된 것을 두 눈으로 마주했을 때, 나는 버락 오바마를 동경하게 되었다. 단순히 대통령이 되었다는 결과보다 전혀 불가능할 것만 같은 일을 실제 삶으로 증명한 한 남자의 모습이 위대함으로 다가왔다.

이때까지만 해도 나는 꿈에 대해 제대로 고민해본 적이 없었다. 드라마 속에 나오는 남자 주인공의 직업을 예로 들면 변호사, 의사, 건축가, CEO, 국회의원과 같은 직업은 그저 '추상적 성공'으로 보였다. 당시 중학교 1학년이면 직업과 꿈을 정하기에 이른 나이였을 수 있다. 그러나 나는 그때 이미 확신하고 있었다. 내게는 무엇이 되든 이 세상을 변화시킨 탁월한 0.2% 소수 사람의 삶을 살고 싶다는 마음이 있었다. 한 국가의 원수는 아주 탁월한 지도력과 능력을 갖춰야 한다. 끊임없이 배우고 읽고 경험해야 하며, 어떤 순간에도 흔들리지 않고 자신의 주체를 이 세상에 입증해야 한다. 그 외에도 많은 자질이 필요하겠지만, 가장 중요한 것은 자기 스스로에 대한 확신 아닐까. 버락 오바마를 알게 된 후로 나는 매일 학교 도서관의 컴퓨터에 앉아 그의 삶을 탐구했다. 버락 후세인 오바마, 그는 영국계 미국인 어머니와 케냐 출신의 아버지 사이에 태어난 혼혈인이다. 그가 두 살일 때 부모는 이혼했으며 이른 나이에 이복동생의 죽음을 겪었다. 정체성에 대한 혼란으로 마약을 하는 등 방황하는 청소년기를 보낸 그가 미국 인권운동가, 변호사 그리고 한 국가의 원수라는 위업을 이뤄내기까지 그의 인생을 잘 정리한 글을 노트에 옮겨 적었다. 미국에 처음 적응하는 시기에, 나의 일기장은 서투른 영어로 옮겨 적은 오바마의 일대기로 채워졌다.

나는 어렸을 때부터 무언가에 꽂히는 순간 끝까지 하는 기질을 갖고 있었다. 초등학교 때 축구 경기를 할 때도, 학급 회장 선거에서 회장이 되고자 했을 때도 그랬다. 이외에도 학교 수련회에서 남학생들을 모아 당시 유행하던 동방신기 그룹의 안무를 독학해서 친구들을 가르쳤다. 초등학교 4학년 때부터 졸업할 때까지 매년 일고여덟 명 되는 친구들과 함께 설 무대를 기획했다. 지금처럼 K-pop 문화가 세계적으로 알려지지 않았던 그 시절, 남자 초등학생이 동대문에 가서 옷을 직접 사서 수선하고 친구들을 모아 공연하는 것은 이례적인 일이었다. 함께 춤을 추던 친구들은 내가 살던 여의도에서 가장 학구열이 높은 친구들이었는데, 하루는 어머니께 한 친구의 어머니가 찾아와 항의한 적도 있었다. 한창 공부해야 하는 시기에 왜 아이들을 모아 춤을 시키냐고 말이다. 이렇듯 무언가에 꽂히면 무슨 일이 있더라도 이뤄내는 기질 덕분에 나는 버락 오바마의 자서전을 읽으며 영어를 빠르게 배울 수 있었다. 입학한 지 3개월도 안 된 나는 다른 동양계 학생들보다 빠르게 ESL 과정에서 정규 수업반으로 올라갈 수 있었다.

어린 내게 버락 오바마가 준 도움은 영어 공부뿐만이 아니었다. 그는 자신의 연설에서 말한 것처럼 내게 '꿈'을 갖게 했다. 정확히 진로를 결정하기엔 이른 나이였기에 그 고민은 좀 더 시간이 걸리는 일이었지만, 그는 어린 내게 이상적인 위대한 인간상을 보여줬다. 좋은 학력, 큰 키와 멋진 외모, 뛰어난 언변과 그만의 유머 감각뿐 아니라 어려운 과정 속 자신만의 길을 위해 끊임없이 도전하는 용기에 감동했다. 대통령 재임 중 그만의 철학과 도덕적 신념, 사적으로도 미국 대통령 중 유일하게 스캔들이 없던 그의 진정성이 어린 나의 가슴을 울렸다. 그는 드라마나 영화 속에 나오는 환상의 인물이 아닌 실존하는 완벽한 인간상이었다. 오바마의 삶을 발견한 나는 평범한 일상을 거부하고 '완벽한 삶'을 추구했다. 완벽한 삶을 살아야겠다는 다짐 이후로, 나의 삶은 크게 변하기 시작했다. 작은 목표들과 장기 목표들을 세워 나의 삶을 구체적으로 계획하기 시작했다. 정확히 무엇을 배워야겠다는 목적 없이 막연한 꿈과 도전을 갖고 왔던 미국이라는 낯선 땅에서, 오바마와의 간접적 만남은 나의 방향을 제시했다. 미국에서 지낸 2년 동안 내가 세운 구체적인 목표는 이랬다.

미국에서의 3가지 목표

1. 농구팀에 들어가 교내 선생님과 학생들에게 인정을 받는 것
2. 동부 엘리트 집안의 학생들보다 더 높은 성적을 내는 것
3. 미국에서 나의 '소명'을 발견하는 것

나의 일기에 적힌 위 내용들은 처음 미국에서 살게 된 동양인에게 결코 쉬운 일이 아니었다. 미국에서 처음 영어를 제대로 배우기 시작한 내가 동부 엘리트 집안의 학생들보다 높은 성적을 내는 것은 사실상 불가능한 일이었다. 유치원생 정도의 영어 수준을 구사하는 학생이 어찌 엘리트 집안의 학생들이 14년 동안 쌓아온 기간을 뛰어넘고 더 좋은 성적을 거둘 수 있겠는가. 나는 불과 몇 달 전까지만 해도 소규모 그룹의 ESL반에서 동양계 학생들과 함께 기초 영어와 정규 수업을 준비했었다. 중학교 1학년 나의 키는 153cm 정도였다. 작은 키를 가진 동양인 학생이 발육이 빠른 미국 학생 중에서도 키가 크고 운동 신경이 좋은 학생들만 선발되는 농구팀에 들어가는 것은 불가능했다. 오바마를 만난 그날, 어린 나는 불가능한 목표를 세우고 그것을 반드시 이뤄내야겠다고 결심했다. 저 세 가지를 반드시 이루리라. 이루기 전까지는 한국에 돌아갈 수 없다는 나의 다짐이었다. 도전하고자 하는 목표가 구체화됐을 때부터 나의 삶엔 큰 원동력과 동기가 생겼다. 목표는 삶을 주체적으로 디자인하는 시작점이다. 혹여나 목표에 도달하지 못하더라도, 타인에 의해 정해진 삶이 아닌 주체적으로 설계한 자신의 삶을 영위하는 시간은 아름답다. 작은 목표가 쌓여 큰 목표가 되고 그 과정에서 나만의 주체를 빚어가는 것. 나는 '불가능' 속에서 '가능성'을 찾고 그것을 이루기 위해 매일 밤을 지새웠다. 매일 밤 잠자리에 들기 전, 나는 두 손을 모아 기도드렸다. 히브리서 11장 1절 '믿음은 바라는 것의 실상이요, 보이지 않는 것의 증거니라'의 말씀 속 믿음을 구하는 기도였다. 내일 새롭게 달라질 나를 기대하며 잠들 때, 나는 비로소 편안한 잠을 이룰 수 있었다.

엘리트 농구팀

Power of Confidence

"절대로 고개를 떨구지 말라. 고개를 쳐들고 세상을 똑바로 바라보라."

- 헬렌 켈러

미국에선 학생을 평가할 때 한국과 다르게 사지선다형 답안의 결과만으로 결론을 내지 않는다. 한 학생의 논리와 사고를 평가하는 주관식 시험이 대부분이며, 학교 교우들과 선생님과의 관계, 잘 다루는 악기가 있는지와 운동을 얼마나 잘하는지가 매우 중요하다. 한 학생의 사고와 감성, 성품과 인격, 체력 등 영, 혼, 육의 조화와 균형을 중요하게 생각한다. 그리고 보다 더 중요한 것은 자신의 잠재력을 발전시키는 성장의 속도이다. 이것은 자신을 끊임없이 성장시키고 배우고자 하는 노력과 성실한 태도가 만들어낸다. 타고난 재능이 있어도 노력하지 않아 재능을 발전시키지 못하는 학생보다, 상대적으로 더 노력한 학생에게 더 큰 인정이 따랐다. 그 당시 대한민국 학교에선 이과 과목을 잘하는 것이 매우 중요했다. 수학과 과학을 잘하는 학생은 '공부를 잘하는 학생'으로 부르고 운동하는 학생은 공부에 관심이 없는 학생으로 나누곤 했다. 그러나 미국은 한 학생을 이분법적으로 나누지 않고 종합적 균형을 중시했다. 미국에서 함께 공부하던 한 선배는 100m 달리기 계주를 잘해서 매사추세츠 주에서 입상하고 아이비리그 대학에 합격하기도 했다. 이런 교육 환경 때문이었을까. 미국에서 나는 공부하는 시간 외에는 대부분을 친구들과 함께 운동하며 보냈다. 방과후가 되면 미식축구 경기장에서 럭비를 했고, 친구들 몇 명이 집에 가면 옆 농구 코트로 자리를 옮겨 농구를 했다. 모두 다 떠나 한두 명밖에 남지 않을 때는 테니스 코트에서 테니스를 쳤다. 정규반 친구들과 거의 교집합이 없던 첫 3개월, 새로운 친구를 사귀는 데 운동만큼 좋은 것은 없었다.

학교에 들어간 첫날 있었던 사건이다. 첫 등교 날, 농구팀 소속이었던 아프로 머리(흑인들에게 자연스럽게 나는 둥근 곱슬머리)에 보라색 빗을 꽂고 있던 흑인 학생 카짐이 사물함 앞에서 나를 쳐다봤다. 작은 키와 마른 몸매에 힙합 스타일의 옷을 걸치고 껌을 씹던 그는 나를 향해 실실 웃기 시작했다. 나는 무시한 채 사물함을 열고 교실로 걸어가고 있었다. 그런데 갑자기 그가 걸어가던 나의 발을 걸었다. 인생 처음 겪어보는 당혹스러운 일에 나는 카짐을 밀치고 짧은 영어로 경고를 주었다. 카짐은 격분해서 내게 동양인 비하 발언을 쏟아냈다. 상황은 더욱 악화되었다. 그 상황을 멀리서 보고 있던 교감 선생님이 우리에게 걸어오셨다.

"너희 둘, 교감 선생님실로!"

등교 첫날에 상상하지 못하던 일들이 펼쳐졌다. 한국 학교에서 생활할 때는 선생님께 늘 칭찬받던 학생이었는데, 등교 첫날부터 교감 선생님실로 불려가다니. 가슴이 무너졌다. 첫날의 나의 이미지가 앞으로의 학교생활로 이어질 텐데, 내겐 너무 큰 실책이었다. 교감실로 걸어가는 중, 오만가지 생각이 들면서 인내하지 못한 자신을 자책했다. 교감실에서는 반성문을 주셨고, 이러한 일을 다신 하지 않겠다는 반성문을 작성했다. 어린 내게는 받아들이기 힘든 상황이었다. 무엇보다 내가 겪은 이 상황을 완벽하게 영어로 설명할 수조차 없다는 것이 분했다. 교감 선생님은 우리를 앉혀놓고 각 부모님께 전화를 드렸고, 어머니는 학교에서 전화를 받고 놀라 급하게 방과후에 학교로 오셨다. 어머니가 교감 선생님께 사과를 드리는 모습이 아직도 생생하다. 작은 해프닝이었지만, 이날을 통해 하루빨리 영어를 배워야만 이곳에서 이러한 오해와 억울한 일을 겪지 않겠다는 생각이 굳어졌다.

카짐과의 사건 때문이었을까. 나는 학교에서 꽤 강렬한 이미지를 남긴 동양인으로 알려졌다. 어느 날, 점심시간 카페테리아에서 ESL 친구들과 밥을 먹고 있는데 농구팀 주장 닉이 나에게 걸어왔다. 닉은 학교에서 학급회장을 도맡고 멋진 미소를 가진 흑인 학생이었다. 닉은 나를 보고 반갑게 인사했다.

"네가 카짐을 넉다운시킨 막심이구나, 반가워. 난 닉이야."

닉은 카짐이 그동안 학교에서 문제를 많이 일으키기로 낙인찍힌 학생이며 카짐이 농구팀의 위신도 망가뜨리고 있다고 이야기하면서 내게 대신 사과했다. 그날부터 나는 자연스레 점심시간에 농구팀 친구들과 함께 농구를 하게 됐다. 언어가 많이 필요하지 않은 운동을 하면서 정규반에 있는 농구팀 소속 친구들과 빠르게 친해졌다. 농구팀 부주장이었던 잘생긴 백인 학생 벤이 내게 곧 선수 선발

테스트가 있다며 입단 테스트 날짜를 알려줬다.

"막심, 방과후에 종종 네가 3점 슛을 연속으로 넣는 모습을 봤어."

"그래?"

"작년 졸업생이 많아서, 코치가 올해 몇 명을 더 뽑기로 했어. 보름 뒤에 입단 테스트가 있어. 그날 보자."

벤과의 짧은 대화 뒤에 나는 속으로 굳게 다짐했다.

'됐어, 반드시 농구팀에 들어가고 말겠어.'

농구팀 제안이라니, 농구팀은 학교에서 단순한 운동팀이 아니었다. 재학생이 300명이 넘는 학교에서 좋은 인품과 높은 성적을 유지하는 엘리트 중 몇 차례의 농구 테스트를 거쳐야만 들어갈 수 있는 '엘리트 농구팀'이었고 영향력도 대단했다. 다른 학교와 경기가 있을 때마다 선생님과 학생들이 모두 경기를 참관했고, 치어리더 팀들과 밴드 코러스와 함께하는 학교에서 손꼽는 거대한 세레머니도 있었다. 주립 대회에서 우승하면 그 상은 대학 입학에 인정되고 명예도 주어졌다. 입단 테스트까지 그렇게 많은 시간이 남아 있지 않았다. 딱 보름, 15일의 시간이 있었다. '행동은 모든 성공의 가장 기초적인 핵심이다'라고 했던 P. 피카소의 말이 가슴을 내리쳤을 때, 무언가 꽂히면 반드시 이뤄내야 하는 나의 기질이 발휘됐다. 매일 수업이 끝나면 농구 코트로 향했다. 공을 백보드에 맞추지 않고 오로지 링 안에만 넣는 클린샷Clean shot과 드리블 후 레이업하는 연습을 반복했다.

처음에는 자유투 다섯 개 중 한두 개를 넣던 내가 일주일 정도 후엔 네다섯 개를 넣고 있었다. 드리블하면서 계속 파울을 하던 나는 이내 공이 손에 붙어 있는 듯한 기분을 느낄 수 있었다. 왠지 될 수 있을 거란 자신감과 확신이 들기 시작할 때 즈음, 청천벽력 같은 소식을 듣게 되었다. 입단 테스트가 예상했던 날짜보다 이틀 더 일찍 당겨졌다는 얘기였다. 인생을 돌이켜보면 안 좋은 일이 생길 때마다 또 다른 안 좋은 일이 동시다발적으로 일어난다. 아니나 다를까, 뉴스 기상캐스터가 남은 며칠 동안 보스턴에 장맛비가 내린다는 얘기를 전했다. 비가 쏟아지는 방과후, 나는 어차피 젖을 거라면 아예 맞아버리자는 생각으로 가장 가볍게 농구복을 입고 빗속으로 달렸다. 비를 맞으니 농구화가 무거워졌다. 그러나 당장 얼마 남지 않은 입단 테스트를 생각하면 쉴 수 없었다. 공을 던지고, 던지고 또 던졌다. 시간이 지날수록 비 때문에 체온이 급격히 떨어졌고, 입이 떨릴 정도로 추워졌을 때 비로소 집으로 향했다. 걱정하실 어머니께 들키지 않으려고 집 후문으로 조심히 들어가 따뜻한 물로 샤워를 했다. 이러한 나의 고집과 노력은 그날 테스트에 대한 무거운 부담감을 덜어주었다.

드디어 농구 입단 테스트 당일, 많은 학생이 체육관으로 모였고 코치님의 설명에 따라 우리는 농구팀 일원들의 1대1 전담 시험을 보게 되었다. 농구팀 주장 닉이 내게 걸어왔다.

"막심, 내가 너의 전담 매니저야. 친구더라도 점수에는 냉정할 수밖에 없으니 기대하지는 마."

늘 밝고 낙천적으로 보였던 닉은 온데간데없고, 카리스마 있는 농구팀 주장 닉이 내게 냉정하게 얘기했다. 더욱 긴장되었다. 떨리는 긴장감을 안고 자유투 테스트를 보게 됐다. 온전히 링에만 집중했다. 코치님은 백보드를 맞춰 넣는 방법도 괜찮다고 얘기했지만, 지금까지 연습해온 대로 링에만 집중해 공을 넣었다. 나는 오로지 링에 집중하고 몰입해 다섯 개의 슛을 모두 성공시켰다. 닉은 표정의 흔들림 없이 내 점수를 체크했다. 모든 학생의 자유투 테스트가 끝나자, 드리블과 레이업 슛 테스트를 보게 됐다.

'설마, 드리블을 막는 역할을 농구팀 주장인 닉이 하지는 않겠지'라는 생각을 할 즈음 닉은 나를 불렀다.

"막심, 방법은 알고 있지? 나를 제치고 레이업을 성공시키면 돼."

말도 안 된다고 생각했다. 나와 키가 30cm나 차이 나는 흑인 거구 닉을 제치고 공을 넣으라는 것은 거의 불가능한 일이었다. 코치님은 호루라기를 불었고 닉의 눈빛은 돌변했다. 키가 작은 내가 거구 닉을 제칠 수 있는 유일한 방법은 거구의 중심점을 무너뜨리는 것뿐이었다. 나는 빠르게 코트까지 공을 드리블하고 닉의 디딤 발이 향한 반대로 페인트를 넣었다. 닉은 살짝 주춤했고, 나는 그 틈을 타 바로 레이업 슛을 성공시켰다. 이것을 지켜보던 친구들도 웅성거리기 시작했다. 당황한 닉은 손을 털고 일어서서 헛웃음을 쳤다. 닉은 다시 몸을 크게 펼치고 수비했다. 처음 했던 방법을 또 쓰는 것은 바보 같은 일이다. 나는 두 번째 호루라기가 불리자마자 3점 라인에서 슛을 던졌다. 백보드를 맞추지 않는 연습을 한 덕인지, 두 번째 슛도 성공했다. 순식간에 5점 중 3점을 따냈다. 닉은 더욱 내가 갖고 있는 공에 집중하고 거칠게 방어하기 시작했다. 몸싸움이 거칠어진다는 것을 느낄 때, 닉이 자존심이 상해 이 상황을 감정적으로 대하고 있다는 것을 깨달았다. 그는 얼굴이 붉어지더니 레이업을 시도하는 나에게 파울을 걸었다. 이 파울 덕분에 자유투를 따내 4점까지 왔다. 마지막 1점, 나는 빠르게 드리블을 하고 공을 넣는 척 한 번 페인트를 주고 나서 닉이 공중에서 착지할 때 점프해 슛을 성공시켰다. 코치님과 친구들의 박수와 환호가 이어졌다.

농구 테스트를 보러 온 유일한 외국인 동양인이자, 닉과의 승부에서 전혀 기대하지 않았던 내가 입단 테스트에 합격하게 된 것은 꿈만 같은 일이었다. '꿈을 이루고자 하는 용기만 있다면 모든 꿈을 이룰 수 있다'는 월트 디즈니Walt Disney가 강조한 꿈의 중요성을 다시 한 번 생생하게 깨닫는 순간이었다. 무엇보다도 이 상황을 지켜보던 장난꾸러기 카짐도 내게 와서 축하한다며 악수를 건넸다. 한국인의 집념과 의지가 그들한테 조금이나마 입증된 것 같아 마음이 뜨거워졌다. 그날 입단 테스트에 합격했다는 소식을 듣고 무엇보다도 어머니께서 너무 기뻐하셨다. 나 자신과의 싸움에서 이긴 첫 도전의 쾌거를 누린 날을 오늘도 잊지 못한다.

학구열의 도시

Education Is the Movement from Darkness to Light

"지금 잠을 자면 꿈을 꾸지만 지금 공부하면 꿈을 이룬다."

- 하버드 도서관

미국 동부 엘리트 교육은 한국 교육과 확연한 환경적 차이가 있었다. 2008년 당시만 해도 한국에서는 두발과 교복 등의 규율이 엄격했다. 미국에 오기 전 중학교 1학년 1학기의 수업은 회장을 맡았던 내가 선생님에 대한 경례를 한 뒤에야 수업이 진행됐다. 교사의 권위가 강했고, 수업에서 문제가 잘 이해되지 않을 때에도 수업을 끊고 질문할 때 눈치를 보곤 했었다. 미국에서 생활하면서는 그런 눈치를 본 적이 거의 없었다. 오히려 질문을 많이 하고 수업 참여도가 높은 학생에게 더 높은 점수를 주곤 했다. 다음은 다양성의 존중이었다. 백인뿐 아니라 흑인, 동양인과 같은 다양한 인종의 학생들이 함께 어우러지는 학교에서는 각자의 종교, 문화, 사상의 차이 등을 공유하는 다양성을 접할 수 있었다. 이것이 어린 나이에 세상을 이해하는 시야를 넓힌 것은 사실이다. 그리고 무엇보다 주입식 교육의 한국 사회에서 서열화된 대학에 입학하기 위해 치열한 경쟁과 그에 맞춘 사교육에 쏟는 시간이 상대적으로 덜하다는 것이 가장 큰 장점이었다. 미국에서 지내는 동안 한국인으로서 남아 있던 경쟁

심리가 외국인으로서 자신감과 논리적 사고에 도움을 준 것은 사실이지만, 교육 수준의 차이에 따라 서열을 만들고 우월 관계를 만들어 한 학생을 따돌리는 풍경은 없었다. 이렇게 자율성과 다양성을 존중하는 미국에서 나는 보다 넓은 시야를 갖고 나만의 주체성을 창조해가며 성장해 나아갔다.

나의 첫 도전이었던 '엘리트 농구팀' 입단은 내게 단순히 운동팀 이상의 의미를 주었다. 농구팀에 소속되면서 나의 학교생활에도 변화들이 찾아왔다. 학교 선생님과 친구들의 나를 대하는 태도가 조금씩 변하는 것을 느꼈다. 농구팀에 소속된 이후, 나는 더 이상 외국인이 아닌 높은 학구열을 유지하면서 운동과 음악과 같은 예체능 분야에서도 뛰어난 탁월한 학생으로 인정받았다. 농구팀 친구들은 대체로 활기 넘치고, 모든 학생들과 좋은 관계를 유지하는 리더들이었다. 나는 농구팀에 들어간 순간부터 더욱 스스로를 채찍질하게 되었다. 장난을 치기보다 높은 집중력을 보이며 진지하게 수업에 임할 때 나는 더욱 큰 자극을 받았다. 처음엔 다른 외국인 학생들에 비해 월등히 빠른 진도로 정규반에 편입했고, 유일한 동양인 농구팀 학생이라는 자부심을 느꼈다. 그러나 이것도 잠시, 동부 엘리트 집안 출신 학생들의 프레피(preppie, 미국 동부 명문 사립 학교 학생들을 일컫는 말) 문화나 이들끼리의 문화를 공유하는 모습을 지켜볼 때마다 나는 외딴 섬에 있는 기분이었다.

"닉, 로퍼 멋진데. 어디서 샀어?"
"Carmina라는 브랜드야, 치노팬츠와 잘 어울리지."
"……"

"막심, 어제 그 뉴스 봤어?"

"무슨 기사?"

"폭스 뉴스에 남·북한 애기가 나오더라구."

"아 그래? 못 봤어."

나는 미국의 문화를 흉내낼 뿐 그때까지만 해도 한국 영화나 예능 프로를 즐겨 보던 한국인 중학생이었다. 이러한 시간이 이어지자 나는 농구팀 학생들이 입는 사복 패션과 그들이 보는 잡지나 시사 뉴스까지 일부러 찾아보며 그들의 정서와 사고를 이해하고자 했다. 일부러 더욱 그들처럼 행동하고, 그들의 표정, 제스처 등을 따라하기 시작했다. 그들과 함께하는 시간이 길어질수록 나는 동부 엘리트들의 프레피식 패션 문화와 현대의 힙합, 재즈, R&B를 자연스레 좋아하게 되었다. 그들의 문화에 스며들어 미국 보스턴이 가진 고유의 문화를 사랑하게 되었다. 나는 어느 순간 미국 학생들이 자신을 있는 그대로 솔직하게 표현하며 자신만의 이성적 사고와 논리를 나누며 자유롭게 토론하는 것을 즐기게 되었다.

첫 중간고사 날이 다가오고 있었다. 내가 소속된 농구팀 학생들만큼 성적을 내고 싶었지만, 정규반에 들어온 지도 얼마 안 되었으니 불가능한 일이었다. 그러나 나는 더 이상 '열등감'에 사로잡혀 살고 싶지 않았다. 함께하는 친구들과 같이 탁월하다는 것을 '증명'하고, 이 불안감으로부터 해방되고 싶었다. 이날부터 나는 매일 공부에 몰입했다. 첫 중간고사에서 공식을 푸는 수학과 과학같이 한국인 학생에게 보다 쉬운 과목에선 쉽게 A학점을 받았다. 문제는 영어, 사회, 역사와 같은 어려운 영어 단어가 많이 포함된 과목이었다.

이날부터 악착같이 영어 단어를 암기하고 내용이 이해되지 않는 경우엔 관련 다큐멘터리를 시청하며 공부에 집중하고 몰입했다. 운동하는 시간 외에 모든 시간은 오로지 공부만 했다. 사회는 B, 역사와 영어에서 각각 C를 받았다. 농구팀 학생들은 거의 모든 부분에서 A를 받고 B+가 나왔다며 재채점을 하곤 했다. 그 모습을 옆에서 본 나의 열등감은 더욱 커졌다. 기말시험에서는 반드시 좋은 점수를 내리라 다짐했다.

한국에서 주어진 교과서 위주로 공부하던 내게 영어 단어가 빽빽하게 채워진 미국 역사책과 문학적 숙어들은 아무리 읽어도 잘 이해되지 않았다. 농구팀 학생들은 기말시험이 다가와도 농구팀 훈련을 충분히 즐기며 시험을 준비하고 있었다. 그들이 한두 번 보면 풀 수 있는 문제가 내겐 한두 시간을 읽어도 답을 내기 어려운 문제였기에, 나는 주어진 훈련만 마치고 집으로 돌아와 시험을 위해 읽고 또 쓰기를 반복했다. 그렇게 손으로 영어 교과서를 거듭 필사하며 꾸역꾸역 머릿속에 집어넣기 시작했다.

미국사와 영어 문학에 나오는 모든 표현이 이해되지 않더라도 그저 쓰고 또 썼다. 연필을 쥔 세 번째 손가락 첫 마디에 굳은살이 박여 손이 얼얼했다. 그러나 필사를 거듭하다 보니 어느새 교과서 자체를 외우고 있었다. 나는 미국인 학생들처럼 나의 논리를 완벽히 작문할 실력은 되지 않았다. 내가 할 수 있는 방법은 오로지 필사를 통해 내용을 암기하는 것뿐이었다. 농구팀 훈련이 끝나면 매일 밤마다 암기를 하고, 수학, 과학 같은 잘하는 과목의 수업 시간에도 외우기를 반복했다. '내 사전에 불가능이란 말은 없다'고 했던 나폴레옹Napoléon Bonaparte의 다짐으로 외우기를 멈추지 않았다. 그렇게 외우다 보니 미국사와 영어 문학 교과서 전체를 거의 모두 암기할 수 있었다. 완벽히 단어와 내용을 이해하지 못하더라도 관련 내용이 문제로 나올 때 서술할 수 있게 시험형 기술을 갖췄다.

드디어 기말고사 날이 왔다. 보름을 앞두고 농구팀에 입단한 것과 같이 쾌거를 이루리라 다짐했다. 문제가 나오면 다 해석할 필요도 없이 외웠던 내용을 적어 내렸다. 부족한 작문 실력이었지만, 머릿속 암기했던 내용이 많아 연필을 꾹꾹 눌러가며, 외워왔던 모든 정보를 답안지에 쏟아냈다. 주어진 박스를 넘어 뒷면까지 채운 어마어마한 양이었다. 그동안 얼마나 노력했는지를 보여주는 답안지였다. 미국사 담당이자 나의 담임이었던 선생님께서 그 노력에 대한 결과로 B를 주셨다. 작문 실력이나 답안이 뛰어나서라기보다 그 노력에 대한 점수였던 것 같다. 내겐 단순히 결과보다 그동안 노력해왔던 것이 조금이나마 입증된 것 같아 다행스런 마음이었다. 그러나 처음에 세운 목표인 동부 엘리트들보다 높은 성적을 내기 위해서는 아직도 갈 길이 멀었다.

미국에서의 소명

Purpose of Your Life

"만약 당신이 진실로 진리를 추구하는 사람이라면
생애에 적어도 한 번은 가능한 한 모든 것을 깊게 의심해 볼 필요가 있다."

- 르네 데카르트

나는 삶의 모든 일에 신의 뜻이 있다고 믿는다. 이것은 단순히 종교적 의미로서의 '신'이 아닌 내가 지금 이 시간, 이곳에 '왜' 존재하는가에 대한 철학적 질문에 가깝다. '신'이 존재한다면, 왜 이 시간 나를 '미국'으로 보내셨을까. 이곳에 온 것은 나의 도전에 대한 자유의지였으나, 너무 다른 미국이라는 곳에서 어린 나는 이곳에 온 '목적'을 보다 분명히 하고자 했다. 성적을 위한 공부가 아닌 삶의 목적을 알기 위해서는 내가 밟고 있는 이 땅, 미합중국United States of America을 이해해야 했다.

내가 유학한 메사추세츠주의 보스턴 지역은 미국을 식민지로 삼았던 영국의 청교도들로부터 번영하게 되었다. 미국은 자유주의, 민주주의, 공화주의라는 세 가지 기본 이념을 중심으로 국가 구조를 설계했다. 미국 국가 기본 이념의 원리 중 가장 중요한 첫 번째는 '천부인권설'이다. 이는 신 아래 모든 시민은 자연의 권리, 즉 자유롭고 평등하며 행복을 추구할 수 있는 권리를 갖는다는 것이다. 이를 통해 미국은 시민 모두가 '개인의 자유'라는 권리를 갖는 제도를 확립했다. 우리가 '자유'를 이해할 때는 재산권을 빼놓고 얘기할 수 없다. 단테의 신곡에도 나오듯 인간의 욕망에는 대상이 있어야 하고, 그 대상을 향한 욕망이 실현되는 것은 결국 재산이다. 재산을 늘린다는 것은 곧 연장된 나를 확보한다는 의미다. 다른 이의 자유를 침해하지 않는 이상 자신의 재산을 보호해주는 것이 미국 수정헌법 5조에 나오는 '자유'의 의미였다. 이러한 기초 위에 시장이 활성화되는 것이다.

이런 개념은 다원주의 질서에 기초한다. 미국은 여러 주들이 연합해 이루어졌기 때문에 다원적 질서를 강조한다. 또한 미국은 자치주의를 강조한다. 토크빌Alexis de Tocqueville은 전 세계를 여행하며 가장 기억에 남는 것이 미국의 '타운홀 미팅'이라고 얘기했다. 그것은 타운홀에서 시민들이 자발적으로 참여해 자신들의 문제에 대해 적극적으로 의견을 개진하고 의견을 모으는 것이다. 타운홀 미팅은 민주주의적 시민 개념의 원천이 되었다. 그 다음, 공화주의의 중요한 원칙 중 하나가 '시민적 덕성'인데, 시민들이 적극적으로 공동선을 위해 참여하고 의무를 다하고 서로 의견을 개진해 소통하는 것을 큰 미덕으로 삼았다.

뿐만 아니라, 미국은 법치주의를 강하게 강조한다. 법에 의해서 규정되지 않는 이상, 무엇도 개인을 구속할 수 없을 뿐 아니라 어떤 행위도 규제할 수 없다는 것을 강조한다. 이 법치주의가 자유를 지키는 가장 중요한 보루라고 명시되어 있다. 다음은 '대의제 민주주의'를 강조한다. 미국의 대의제 민주주의는 상원과 하원으로 이루어져 있는데, 주가 작든 크든 각 주가 갖고 있는 권리는 동일하다는 원칙에 기반한다. 여기서 상원의 역할은 주의 이익을 중앙정부에 대변한다. 마지막은 오늘날 미국의 '기업가 정신'을 만들어 낸 자유시장경제이다. 이것은 처음 미국을 번영시킨 청교도 정신, 즉 개척자 정신에서 시작되었다. 19세기 초 영국의 산업혁명에 따른 기술이 미국에 도입되면서 운하와 철도가 개발되어 오늘날의 미국을 이루었다.

미국의 국가 건설 기초 개념을 통해 내가 가장 중요하다고 느낀 가치는 '개척자 정신'이다. 이것은 내가 미국으로 처음 떠나 세운 나의 가치관과도 일맥상통했다. 새로운 곳으로 떠나 나만의 길을 개척하는 '도전 정신' 말이다. 오늘날 세계의 50대 혁신 기업 중 26개가 미국의 기업인 이유도 결국 이 도전 정신에서 나온 혁신적 '아이디어'로부터 비롯되었다. 이것이 미국을 최강국으로 만든 힘이었다. 20세기 초 미국은 공업에서 영국보다 두 배 이상의 생산을 이뤘으며, 모든 과학 기술을 주도하는 선도국이 되었다.

이러한 환경과 지정학적 위치 덕분에 미국은 제1, 2차 대전에서 피해를 거의 받지 않고 보다 더 강국이 될 수 있었다. 미국은 1945년 소련과의 체제 경쟁을 통해 패권 다툼 속에서도 자유 체제를 앞세워 소련의 공산주의를 해체하는 데 가장 큰 역할을 할 수 있었다. 자유로운 체제를 바탕으로 세계 질서를 유지하며, 동시에 개인과 기업의 자유롭고 창의적인 분위기에서 비롯된 개인의 생각의 힘을 북돋웠다.

나는 소명을 발견하고자 했던 미국에서 나의 가치관을 확인하고, 자유 체제라는 생각의 힘이 이뤄낸 미국의 건국 역사를 통해 나의 삶의 방향을 정립할 수 있었다. 나는 오늘 미국에서 나의 '소명'을 다시 한 번 되묻는다. 어쩌면 '완벽한 삶'이라는 추상엔 답이 없지만, 오늘 소명을 향해 '도전'하는 과정 자체에 답이 있지 않을까. 끊임없이 멈추지 않고 도전하고 나아가리라. 그리고 작은 도전의 과정이 쌓여 우리 사회를 더욱 더 발전시키고 번영시키리라.

향수와 정체성 혼란

No Pain, No Gain

"고통은 성장의 법칙이요 우리의 인격은
이 세계의 폭풍우와 긴장 속에서 만들어지는 것이다."

- 마더 테레사

세계인으로서 인정받고자 했던 나는 미국에서 작은 도전을 하나씩 이뤄가고 있었다. 그러나 모든 결과물은 내가 가진 열등감을 잠깐 해소해줄 뿐 궁극적으로 해결되지 않은 무언가가 가슴에 있었다. 농구팀에서뿐 아니라 미국 어디를 가든 한국인으로서의 자아와 미국에서 새롭게 만든 자아가 매번 충돌했다. 처음 미국에 온 그 순간부터 나는 나의 운명의 주체가 되어 목표를 이룸으로써 동양인의 한계라는 고정관념을 깨고 싶었다. 그리고 그것을 도전의 성공을 통해 하나씩 깨고 있었다. 그렇게 1년이라는 짧은 시간에 많은 변화와 성과를 이뤄냈지만 내게는 기쁨보다 오히려 큰 혼란이 찾아왔다. 나는 어느새 겉모습, 말과 행동 모두 미국인들보다 더 미국인처럼 살아가고 있었다. 한국어보다 영어로 대화하는 게 편해졌고, 밥보다 타코와 햄버거가 더 맛있어졌으며, 누군가가 나와 같은 인종인 일본인 친구에게 짓궂은 장난을 쳐도 아무렇지 않게 함께 웃고 있었다. 손문, 한국 이름 두 글자보다 영어 이름 막심Maxim으로 불리는 것에 익숙해졌을 때, 말하지 못할 큰 공허함을 느꼈다. 이곳에서 평생을 살게 된다면 나는 나의 나라와 정체성을 잊고 살 것만 같았다. 이러한 불안감과 혼란은 점점 커졌다. 매일을 한국에 돌아가고 싶다는 생각으로 보내던 때 나는 아버지께 이메일을 보냈다.

한국에 계신 아버지께,

아버지 잘 지내시죠. 한국에 홀로, 저희에게 경제적 지원을 하시느라 많이 힘드시죠. 저희도 잘 지내고 있어요. 정규반으로 들어오게 됐고, 학교 농구팀에 선출돼서 우승도 하고 높은 성적도 받고 있어요. 그런데, 요즘 들어 한국에 너무 가고 싶어요. 이곳에서 사는 하루하루가 제게 벅차고 힘이 듭니다. 함께하는 친구들과 다른 한국인으로서의 삶이 감당하기 힘들 때가 많아요. 저 자신이 누구인지 헷갈리고 공허하며 답답합니다. 어느 날은 제가 한국인인지 미국인인지 혼란스러워서 더 살지 않는 게 좋겠다는 생각도 들곤 해요. 아버지가 이 이메일을 보시면 놀라시겠지만, 저는 당장 한국으로 돌아가고 싶습니다. 건강하세요.

장남 손문 올림.

이메일을 본 아버지의 마음은 어떠셨을까. 지금까지도 마음 한편에 큰 짐이다. 늘 잘 하고만 있을 것 같았던 장남이 쓴 철부지 같은 글이 아직도 후회스럽다. 빠른 성장 속에서 성장통을 겪던 그 시기, 나의 도전에는 늘 외로움과 고통이 함께했다. 지인들과 친구들은 해외 유학을 부러움의 대상으로 여겼지만, 아직 자아가 형성되지 않았던 시기 나에게는 남들에게 다 얘기할 수 없는 불안이 있었다. 집과 교회에선 한국인으로, 학교에선 미국인으로 살아가던 두 가지 자아의 충돌은 어린 나에게는 큰 혼란이었다. 두 가지 다른 배역을 맡아 연기하는 배우와 같았다. 이 시기를 이겨낸 방법은 한국에 있던 친한 친구와의 대화와 자기 전 기도였다. 가장 힘든 시기에 그저 나의 얘기를 묵묵히 공감해주고 이해하고 격려해준 친구들에게 아직도 고마운 마음을 갖고 있다. 함께 살던 어머니와 여동생에게 민폐를 끼치고 싶지 않아 속마음을 이야기하지 못하던 나에게 친구는 늘 좋은 위로의 말을 건네주었고 불안을 잊는 시간을 함께해줬다.

또 다른 방법은 기도였다. 매일 밤 자기 전 두 눈을 감고 내면의 아픔을 아주 깊은 속마음까지 고백하는 기도를 드렸다. 나의 아픈 도전이 꼭 많은 이들의 삶을 살리는 곳에 쓰이도록 기도했다. 기도를 마치면 마음이 편안해졌다. 기도는 나를 있는 그대로 받아들이고 사랑하게 했다. 내가 가진 다양한 모습을 있는 그대로 받아들이고 돌아보면, 나는 미국과 한국의 두 가지 문화를 자유롭게 소통할 수 있는 사람이었고, 그 경험은 훗날 파리에서 신앙교사 사역을 할 때 2세 아이들의 마음을 공감하는 교사가 될 수 있도록 밑거름이 되었다. 때로 당장 이해할 수 없는 일을 겪을 때가 있다. 그러나 자신이 가진 실패의 경험이 많을수록 감당할 수 있는 폭도 넓어진다고 생각한다. 지향하는 목표의 크기가 클수록 그곳에 도달하기 위한 실패도 많아질 수밖에 없다. 젊은 날에 최대한 다양한 경험을 하고 많은 실패를 딛고 일어나면 그것이 자신만의 가장 큰 무기가 된다는 아버지의 답장은 아직도 나의 삶의 큰 교훈이다.

티핑 포인트
Tipping Point

티핑 포인트 : 작은 변화들이 어느 정도 기간을 두고 쌓여, 이제 작은 변화가 하나만 더 일어나도 갑자기 큰 영향을 초래할 수 있는 상태가 된 단계

새로운 땅 미국에서 보낸 한 해는 내가 살아온 시간 중 가장 큰 변화를 경험한 시간이었다. 뻔히 정해져 있는 하루하루를 보내고 예측 가능한 미래를 그리며 살던 한국에서와는 달리, 나는 새로운 목표를 얻었고 그것들을 이루기 위해 매일 도전했다. 미국에서의 하루하루는 넘어야 할 시험이 많았고, 그것은 곧 나의 확장과 발전으로 이어졌다. 물론 그 과정이 결코 쉬웠던 것은 아니다. 깨지고 부딪치고 더 이상 감당하기 힘들어 한국으로 다시 돌아가고 싶다며 아버지께 메일을 쓴 적도 있다. 그러나 예측 불가능한 하루하루가 주는 긴장감과 낯선 곳에서 주체적으로 이루어가는 나만의 계획에 감사했다. 어린 나이에 자기 운명의 주체가 되어 나만의 일지를 만들어가는 일의 '특별함'을 소중하게 여겼다. 나는 남들이 경험하지 못하는 나만의 이야기를 써가고 있었고, 미국에서 가장 교육열이 높은 보스턴 지역에서 엘리트 학생들과 함께 공부하면서 경쟁하는 매일에 자부심을 느꼈다.

1년이라는 짧디짧은 시간 동안 나는 정규반에 올라 주류 미국인들과 교류했고, 엘리트 농구팀은 주 대회에서 우승의 쾌거를 얻었다. 학교에서는 친구가 많이 생기고, 농구 경기를 뛸 때는 나의 이름을 외치며 응원하는 백인 여자친구들도 많이 생겼을 즈음. 나는 학생 수가 더 많은 보스턴 공립 중학교Bigelow Middle School가 있는 동네로 이사가게 되었다. 이제 영어도 능수능란해지고 미국 문화에 익숙해져 새로운 학교에 가는 것에 대한 두려움은 없었다. 하지만 내겐 여전히 처음 목표로 세웠던 미국 동부 엘리트 학생들보다 더 우수한 성적을 거둔 학생이 된다는 숙제가 있었다. 나는 아직 이루지 못한 그 숙제를 떠안고, 새로운 학교에 입성했다.

학생 수가 훨씬 많고 교육 수준도 높다고 소문이 난 학교에서 나의 시작점은 달랐다. 처음 미국 학교에 들어갈 때 외국인으로서 들어간 것과는 다르게 나는 처음부터 동양계 미국인 학생의 모습으로 학교생활을 시작했다. 빠른 시간에 축구팀, 밴드팀, 음악 코러스팀, 농구팀 등에 속했고 일반 미국인 학생들보다 수학과 과학에서 월반을 할 만큼 높은 성적으로 내가 세웠던 목표에 도달해 가고 있었다. 한 번 내가 설정한 목표에 도달하고 이뤄내 본 경험이 있으니 다음 목표를 진행하는 데 거침이 없었다. 처음에는 불안과 열등감에 사로잡힌 일상이었지만, 나는 이제 미국에서의 학교생활을 편안함을 넘어 즐기기 시작했다.

'천재는 노력하는 자를 이기지 못하고, 노력하는 자는 즐기는 자를 이기지 못한다〔知之者 不如好之者 好之者 不如樂之者〕'는 공자의 말을 가슴으로 깨닫고 있었다. 나는 적응의 시간이 지나 매일이 편해지도록 수없이 노력해 왔다. 그리고 매일을 즐기고 있다는 생각이 들었을 땐, 다시 한 번 나의 목표를 마음에 새겼다. 그곳에서 태어난 학생들보다 더 높은 수준을 이뤄야만 했다. 내가 전 학교에서도 힘들어했던 영어, 사회, 역사에 본격적으로 집중했다. 이해가 되지 않는 부분은 한국어로 된 번역서를 읽어보곤 했다. 그때부터는 오로지 최상의 성적을 내는 데에 모든 에너지를 쏟았다. 참여하고 있던 각종 활동을 최소한으로 줄이고 전적으로 공부에만 집중했다. 교과서뿐 아니라 시장과 경제를 이해하기 위해 애덤 스미스Adam Smith, 카를 마르크스Karl Heinrich Marx, 존 케인스John Maynard Keynes, 하이에크Friedrich Hayek 등 경제학 사상가들의 서적을 읽어가며 미국 사회의 구조를 조금씩 보다 근본적으로 이해했다. 영어를 암기하고 그대로 적는 것이 아니라 보다 구조적인 체계하에 논리적으로 논술하는 방법들을 터득했다. 매일 읽고 그에 대한 나의 답을 논술하는 훈련을 계속했다. 이러한 작은 변화들이 어느 정도 기간을 두고 쌓여, 작은 변화가 하나만 더 일어나도 큰 질적 변화를 일으키는 '티핑 포인트'를 경험했다.

나는 영어 수준이 발전하는 단계를 크게 세 단계로 나눈다. 첫 번째 단계는 한국어로 영어를 번역해서 배우는 단계, 두 번째는 영어로 영어를 사고하는 단계, 마지막으로는 영어로 꿈을 꾸는 단계이다. 새로운 언어를 배워본 이들은 많이 공감할 것으로 생각한다. 미국에서 졸업식을 앞두고 나는 졸업식 하는 장면을 영어로 꿈꾸게 되었다.

그 꿈에서 내가 본 것은 키가 큰 말끔한 정장 차림의 한국인 청년이 교장 선생님께 졸업장을 받는 장면이었다. 300명이 넘는 학생들 앞에서 짧은 졸업 연설을 하는 나의 모습이 영화의 한 장면 같았다. 그 꿈을 꾸고 일어난 날, 나는 직감했다. '이번 기말시험에선 다른 성적 모두 올 A를 받을 수 있겠구나'라는 확신이었다. 그리고 이것은 실제가 되었다. 그동안 어려워하던 영문학과 미국사와 사회 부분까지 A 학점을 받게 되었다. 그리고 졸업식 날 키를 재는 문 앞 기둥에서 재보니 어린 나는 어느새 자라 키가 180cm를 넘은 어엿한 청년이 되어 있었다. 우여곡절이 많았던 미국에서의 시간을 보상해 주듯 나의 노력의 시간이 결과로 증명된 날이었다. 시간이 지난 오늘도 미국에서의 졸업식 날을 기억한다.

2010년 5월 날이 더워지던 초여름 날, 나는 멋지게 정장을 입고 전교생 앞에서 졸업장을 받고 그동안 함께한 시간들을 나누며 나의 인생의 첫 장을 마무리지었다. 한국으로 돌아오는 비행기에서 파노라마처럼 우여곡절로 가득했던 시험의 시간이 머릿속을 스치자 가슴이 뭉클해졌다. 나는 또 다른 여정을 떠나기 위해 한국으로 돌아오는 비행기에서 내가 마주한 사건들을 하나하나 기록했다. 2년 동안 내가 채운 것은 무엇인지, 미국에 가기 전과 그 후에 달라진 것이 무엇인지를 헤아리면서 내 생각의 방을 정리했다.

채움과 비움

Power of Emptiness

"그릇은 비어 있어야만 무엇을 담을 수가 있다."

- 노자

나는 도전과 열정, 완벽한 삶을 영위하고자 하는 어린 꿈을 향해 집중과 몰입하는 시간을 마치고 한국으로 돌아왔다. 공항에서 집으로 돌아오는 차에서 보이는 한국의 풍경은 2년 전과 크게 달라진 것이 없었다. 변화라고는 빼곡한 아파트들이 더 많이 들어서고 있는 것뿐이었다. 외국인들만 보였던 길거리에서 한국인들로 채워진 도시가 낯설면서도 한편으로 반가운 마음이었다. 나의 뿌리이자 동시대 한국인들이 살아가는 풍경이 정겨웠다.

홀로 타지에서 부딪히고 깎여가며 날마다 전진하는 삶이었다. 그런 한국인으로서 경험한 외로움 때문인지 지나쳐가는 길거리의 모르는 사람들 모두가 반갑기만 했다. 다시 돌아온 한국이라는 방은 모두가 그대로였다. 가까운 가족, 친구, 다니던 학교의 선생님과 학생들 모두 크게 달라진 것이 없었다. 마치 타임머신을 타고 혼자 다른 세상에 갔다 온 것만 같은 기분이었다. 몰라보게 커진 덩치와 키, 굵어진 목소리가 만나는 이들 모두를 깜짝 놀라게 했다. 물론 달라진 것은 외견만이 아니었다. 새로운 곳에서 만난 다양한 사람들과 나의 제2의 방에 차곡차곡 쌓인 문화, 그리고 학문적 경험을 통해 세상을 바라보는 시야가 넓어졌고, 이른 나이에 경험한 시행착오와 어려움들은 나의 내면을 더욱 성숙하고 단단하게 했다.

가장 가까웠던 친구와 서울 거리를 걷자니 오만가지 감정이 교차했다. 넓은 대륙 미국에서의 큰 주택들과 도시 사이사이 놓인 넓은 자연공원과는 딴판으로 빽빽하게 세워진 아파트, 좁은 학교 운동장, 모든 학생이 같은 헤어스타일과 옷을 갖춘 모습이 왠지 모르게 낯설었다. 바다에서 자유롭게 수영을 하다가 실내 수영장에 들어와 수영을 하고 있는 기분이랄까. 나는 미래를 계획하기 전에 급격하게 변화한 2년간의 나의 일지를 기록했다. 이때부터 삶의 큰 변화를 겪을 때마다 내 삶 속 채움과 비움을 기록하는 습관을 갖게 되었다.

미국에서 배운 것들 10가지와 삶에서 불필요하다고 느끼는 10가지를 적었다.

2010년, 중학교를 졸업했던 해 내가 미국에서 배운 10가지

1. 똑같은 시간과 공간 속에 살더라도 모두의 시간은 다르다는 것
2. 자신이 세운 목표를 스스로 계획하고 이뤄내는 주체성
3. 불가능한 현실 속에서도 가능성을 찾아내는 것
4. 새로운 문화와 언어를 배우는 것은 새로운 사고의 방을 만들어내는 것
5. 열등감을 자신이 발전하는 도구로 삼는 것

6. 자신의 불안을 누군가에게 드러낼수록 불안감은 더 커지기만 한다는 것
7. 목표는 정확히 3가지만 정하고 그것에 집중하고 몰입하는 것
8. 새로운 곳에서 가장 탁월한 한 명의 멘토를 정하는 것
9. 일부러 어려운 곳에 나를 던지는 일은 상상 이상의 결과를 얻게 한다는 것
10. 매일 기도를 하는 사람에겐 생각보다 죽을 만큼의 힘든 고통은 없다는 것

2010년, 미국에서 정리한 불필요한 것

1. 남들의 시간과 나의 시간이 같다고 생각하는 착각
2. 남들이 모두 따라가는 것을 아무런 사고 없이 따라가는 무분별함
3. 불가능한 현실 속에서 현실만을 탓하는 사고방식
4. 새로운 문화와 언어를 배울 때, 기존의 내가 경험한 문화를 무조건 틀리다고 비판하는 무분별성
5. 남들과 비교해 자신을 깎아내리는 열등감
6. 자신의 불안감을 끊임없이 되새김질하는 잡념
7. 이루지 못하는 너무 많은 목표를 세우는 욕심
8. 너무 많은 멘토를 만드는 막연함
9. 지금 오늘 편안한 하루에 안주하는 게으름
10. 매일 아침, 그리고 자기 전 기도를 하지 않는 교만함

나는 필요한 것들과 상충하는 불필요한 것들을 적고, 미국에서 주체적인 삶을 살기로 결심한 뒤로 직접 경험한 것을 정리하며 교훈으로 삼았다. 중학교를 졸업하고 고등학생이 된 나는 본격적으로 날마다 기록하는 습관을 갖게 됐다. 내가 글을 쓰고 기록할 때야말로 자신을 들여다보고 가장 솔직하게 나를 마주할 수 있는 시간이라고 생각했기 때문이다. 이때부터 생긴 세 가지 습관이 있다. 첫 번째는 매일 아침 성경 한 구절을 읽고 기도 제목을 품고 기도하는 것, 두 번째는 매일 아침 이뤄야 할 작은 성취 리스트를 만드는 것, 마지막으로는 자기 전 오늘 하루를 돌아보며 그 성과와 나의 삶을 있는 그대로 기록하는 것이다. 16살 때부터 시작한 이 습관은 12년이 지난 지금까지도 단 하루도 빠짐없이 지키고 있다. 하나를 이루면 그 다음으로 나아가는 것은 어렵지 않다. 이 루틴은 험난한 여정 속 나를 지탱하는 삶의 태도가 되었다. 나의 습관은 끊임없이 정리하고 비워내는 것이다. 더 나은 내일의 가능성은 어제의 부족함을 과감하게 잘라낼 때 비로소 생긴다.

미국에서의 첫 모교 Lawrence Middle School, 2010

제2장

중국 베이징

홀로 떠난 첫 유학, 중국

Stay Alone Be Strong

"혼자 걷는 것은 아주 힘든 일이다.

하지만 그 길로 인해 당신은 아주 강한 사람이 될 것이다."

- 손문

남들보다 6개월 빠르게 미국에서 졸업한 나는 오랜만에 여유로운 시간을 보냈다. 나에게 태클을 거는 흑인 친구도, 당장 감당해야 할 어려운 숙제나 시험도 없었다. 그 당시 나는 민족사관고등학교 입시를 앞두고 잠깐의 여유로운 시간을 보내고 있었다. 가을날의 단풍 진 여의도의 풍경은 하루하루가 아름답고 따스했다. 해외에서의 매일매일을 치열하게 고민하고, 공부하고 운동하며 쉴 틈 없이 질주했던 나에게는 잠깐의 오아시스 같은 시간이었다. 그러나 얼마 지나지 않아 내 마음에는 공허함이 찾아왔다. 나의 삶의 주체가 되어 하루하루를 계획해 왔건만 지금은 너무 편안하게 흘러가는 하루하루를 보내고 있는 것처럼 느껴졌다. 내가 도전을 통해 힘들게 열어놓은 새로운 방이 닫히면서 영혼이 말라가고 있는 기분이었다.

그때부터 또 다른 방을 열어야겠다는 결심을 했다. 한 번 경험해 본 미국으로 다시 돌아갈 마음은 없었다. 그곳에도 눈앞에 그려지는 고등학교, 대학교 생활만이 있었기 때문이다. 나는 집에 있던 지구본을 돌려가면서 세계 국가들을 천천히 돌려보았다. 그때 새삼스럽게 느낀 것은 한국의 면적이 다른 아시아 국가들보다 현저히 작고, 그 작은 나라도 대한민국의 분단 역사로 인해 둘로 나뉘어 있는 현실이었다. 아픈 역사였다. 마치 높이 뻗은 소나무들 사이에 끼어 빛과 영양분이 부족해 크지 못한 어린 소나무 같아 보였다. 같은 아시아 국가 중 무려 남한의 95배가 되는 국토 면적을 갖춘 중국을 보며 막연한 도전 의식이 생겼다. 미국을 경험해봤기에, 나에게 새로운 곳으로 떠나는 것은 결코 어려운 결정이 아니었다.

다른 체제와 역사를 지닌 곳에서 경험할 새로운 문화와 언어, 새로운 삶의 방식을 원했다. 젊음과 패기가 전부였던 17살, 나의 새로운 도전의 목적지를 결정하는 기준은 '예측 불가능함'이었다. 이로써 영어권 국가들은 제외되었고, G20에서도 GDP가 미국 다음으로 높은 강대국인 중국을 경험해야겠다고 결정했다. 이상을 실현하는 것은 냉정한 현실 감각에서부터 나온다는 말처럼 나는 목표를 정하자마자 중국에서 공부할 방법을 찾아보기 시작했다.

인터넷을 샅샅이 뒤져봐도 고등학교를 중국에서 보낼 방법은 그리 많지 않았다. 영어를 잊어버리지 않기 위해 종로에 있는 영어학원을 다니던 나는 중국유학원 간판을 보았고 그곳에서 베이징에 미국 고등학교가 있다는 정보를 얻었다. 그 당시에는 중국 위안화 환율이 높지 않았기에 적은 비용으로 유학을 할 수 있었다. 나는 부모님께 유학 비용을 지원받을 수 있는지 조심스레 물었다. 미국에 있던 시기에 달러가 폭등한 탓에 집을 매각하고 생활을 유지하고 있던 상황이었기에 결코 쉽지 않은 결정이었다. 그러나 나를 믿어주셨던 아버지는 장남이 내린 결정을 있는 그대로 받아들이고 나를 지원하기로 하셨다. 어렵게 내린 결정이었다.

2011년 1월, 민족사관고등학교 1차와 2차에 합격하고 면접만 앞둔 상황에서, 나는 중국유학원에 서류를 접수하고 중국어를 배우는 데 몰두했다. 초등학교 때부터 배웠던 한자와 다른 중국어는 문법이 영어와 비슷해서 어렵지 않았다. 새로운 언어를 접할 때 가장 빠르게 언어를 배우는 방법은, 기존에 있던 언어체계가 아닌, 내가 구사하고자 하는 언어를 능수능란하게 하는 사람을 보며 연기해보는 것이다. 이것이 이른 시간 안에 새로운 언어를 배우는 나만의 방법이 되었다.

새로운 언어를 배우는 것은 곧 그 나라의 문화를 습득하는 일이다. 한 국가의 언어는 그 나라의 정서와 문화를 담고 있다. 언어 수준을 높이기 위해서는 단어와 문장, 문법을 암기하고 공부하는 것보다 실제로 그 언어를 사용하는 현지인처럼 생각하는 것이 중요하다. 결국 언어는 소통과 학문을 배우기 위한 도구이며, 그곳에 살아가기 위한 생존 수단이기 때문이다. 나는 이 방법으로 중화권 영화에 나오는 배우들의 대사를 따라하고 그들의 정서를 온몸으로 익히면서 중국어 능력 평가 시험 HSK를 준비했다. 중국으로 출국을 앞둔 짧은 시간 동안 중국의 언어뿐 아니라 중국과 우리나라의 관계 그리고 그 나라만이 가진 고유의 문화와 경제 체제에 대해 독학했다. 아시아에서 가장 큰 영향력을 행사하는 중국으로 가야 한다는 확실한 목표가 생긴 뒤, 나는 민족사관고등학교 입학을 포기하고 종로에 있는 종로 구립도서관에서 중국이라는 나라를 공부하기 시작했다.

대륙의 스케일

Keep Your Eyes Wide Open

"사람은 누구나 자기의 가진 시야의 한계를 세계의 한계로 간주한다."

- 쇼펜하우어

중국은 남다른 대지 면적과 인구, 어마어마한 자본을 가진 대륙국가다. 건축에서 '스케일scale'이라는 표현은 흔히 지도 1cm 면적당 실제 면적의 비례를 측정할 때 사용되는데, 중국 영토는 한반도의 43.5배, 인구는 약 28배에 달한다. 말 그대로 어마어마한 스케일의 국가다. 외화 보유액은 한국과 약 10배 차이(한국은 약 4,364억 달러, 중국은 약 3조 549억 달러, 2022년 8월 말 기준)가 난다. 남북한 통일에서도 중국은 큰 영향력을 갖고 있다. 미국은 한미동맹을 맺고 있는 대한민국의 자유민주주의 체제에 기반한 남북통일을 지지하고 있다면, 중국은 중국 특색의 사회주의를 채택하고 북한의 체제를 우위로 삼는 남북통일을 지지하고 있다. 조그마한 한반도에서는 모든 국민이 미국과 중국의 관계에 따라 경제적, 정치적 영향을 받는다. 이러한 현실 속에서 미국을 경험한 나는 중국을 배워야만 했다. 같은 민족끼리 총을 겨눠야 하는 아픈 현실 속에서, 다른 체제 속에 살아가는 이들의 문화와 삶을 직접 살아보지 않고는 이해할 수 없었다.

책을 내는 이 시점, 전 세계를 멈춘 대사건 코로나 19의 시작점이었던 중국 우한 박쥐 바이러스와 매년 봄 중국을 거쳐 오는 황사와 같은 환경 문제에서도 중국은 대한민국이 필연적으로 관계를 맺어야 할 무시 못할 강대국이다.

2011년 무더운 여름, 미국으로 떠날 때보단 더욱 가벼운 마음으로 공항에 도착했다. 공항에는 나와 함께 떠나게 될 유학생 친구들과 담당 선생님이 함께 모여 있었고, 대부분 처음 유학을 떠나는 이들인지 다들 의기소침해 있었다. 서로 말 한마디 붙이지 못하고 출국을 앞두고 있는데, 나와 또래인 친구의 어머니가 나의 손을 붙잡으며 부탁했다.

"우리 아들 성국이와 친구구나, 우리 아들이 처음 유학을 나가서 걱정을 많이 했는데, 경험 많은 네가 가서 잘 좀 챙겨줘."

초등학교 선생님이셨던 그분은 내가 미국에서 유학했다는 얘기를 듣고 마치 선생님에게 아들을 부탁하는 것처럼 말씀하셨다. 나 또한 혼자 떠나는 유학은 처음이었지만, 나를 믿고 의지해주신 친구 어머니의 부탁이 싫지만은 않았다. 그렇게 고등학생이었던 나와 성국이, 그리고 다섯 명 정도 되는 중학생 동생들이 함께 중국행 비행기에 올랐다. 미국행 비행기와는 전혀 다르게, 비행기를 타고 얼마 지나지 않아 중국의 수도 베이징에 도착했다. 중국 베이징의 공기는 남달랐다. 거대한 버스 뒷자리에 타서 학교로 가는 바깥 풍경은 오렌지 색깔 뿌연 공기로 덮여 있었고, 시내에는 러닝셔츠 차림에 오토바이를 탄 무리들이 보였다. 거대한 규모의 건축물과 무질서한 풍경이 상상하던 것보다 더 낯설게 다가왔다. 확실한 점은 미국에 처음 도착했을 때와는 전혀 다른 풍경이 펼쳐진 것이다. 학교에 거의 도착할 즈음엔 같은 베이징 내에 이렇게 다른 곳이 있을까 싶을 정도로 빈곤하게 사는 빈민가도 보였다. 길거리에 텐트를 치고 살며, 돈을 구걸하면서 흙을 먹고 있는 아이들도 보였다. 중국 공산당의 공산주의는 지배와 피지배를 나누는 계급의 소멸과 생산 수단의 공유화를 주요 가치로 내세운다. 노동자들의 자가 해방을 실현하고자 하는 사상을 가진 나라의 빈부 격차를 본 나는 엥겔스의 비판인 '국가의 소멸'을 실감했다.

베이징에 위치한 미국 학교 기숙사는 8평 정도 넓이로 직렬된 방에 2층 침대(1층은 책상, 2층은 침대) 4개가 놓인 거의 움직일 틈 없는 방에서 한국 학생 2명과 중국 학생 2명이 함께 생활하는 곳이었다. 거의 모든 학생이 해병대 출신이었던 한국 사감 선생님의 통제하에서만 다른 방으로 이동할 수 있었다. 학교 밖으로 나가는 것 또한 금지였다. 교회를 가거나 학교 밖에 가족이 있는 학생이 아니라면 학교를 나서는 것은 불가능했다. 마치 군부대처럼 공간과 시스템을 만들어놓은 이 학교는 오리엔테이션에서 보았던 멋진 베이징의 미국 학교와는 분위기가 아주 달랐다. 새로운 방을 열겠다는 큰 포부를 갖고 떠난 중국은 내가 생각하던 모습과는 전혀 다른 곳이었다.

'지금이라도 서울로 돌아간다고 해야 하지 않을까.' 잠깐 생각했지만, 나는 주체적 선택으로 떠나온 이곳에서 배우고 얻을 수 있는 것을 얻고 돌아가야 한다고 생각했다. 무엇보다도 자신 있게 중국으로 떠나겠다고 부모님께 말씀드렸던 내가 바로 서울로 돌아가는 것은 무책임한 일이었다. 미국을 경험하고 세웠던 원칙처럼 나는 불가능한 현실 속에서 가능성을 찾고 주어진 시간 동안 배울 수 있는 것들에 집중하기로 했다.

예측 불가능함 속에서 내가 이곳에 오게 된 하늘의 뜻이 있다는 믿음을 갖고 기도드렸다. 중국에 도착한 첫날 밤, 상상하지 못했던 상황을 마주한 나는 이곳에서의 나의 '소명'을 알게 해달라고 간절히 기도드리고 삐걱거리는 2층 침대에서 잠들었다.

4분의 1, 한 칸 방

Ceate Your Own Environment

"사람들은 항상 그들이 처한 환경을 탓한다. 나는 환경을 믿지 않는다. 세상을 이끌어 가는 사람들은 자신이 원하는 환경을 찾아다니고 찾을 수 없으면 그 환경을 만드는 사람들이다."

- 버나드 쇼

새벽 6시에 눈을 떴다. 2층 침대에서 몸을 일으켜 앉으려고 하니 머리가 천장에 닿을 것 같아 조심스레 계단을 타고 내려와 책상에 앉았다. 친구들이 아직 자고 있어, 소리 없이 라이트 스탠드를 켜고 다이어리를 폈다. 나는 학교에서 받은 연간 스케줄을 읽으며 한 해를 계획하기 시작했다. 미국에서 돌아온 후부터 나는 연말에 새해 다이어리를 사는 습관이 생겼다.

사람의 시간이 모두 다르다는 것을 깨달았기에, 나에게 주어진 시간을 함부로 사용하지 않겠다는 다짐이었다. 오늘 나의 습관이면 미래의 나를 결정한다는 것을 나는 일찍 깨달았다. 기록은 남들이 무엇이라 말하든 나의 삶을 주체적으로 만드는 가장 중요한 습관이었다. 주체성이 강해질수록 나는 홀로 시간을 보내는 공간의 중요성을 느꼈다. 사람들과 어울리는 시간 동안은 볼 수 없는 나 자신을 있는 그대로 마주하는 시간이 중요했다. 대륙의 어마어마한 면적과는 다르게 중국에서 나에게 주어진 나만의 공간은 8평 남짓

기숙사 방의 겨우 4분의 1 정도뿐이었다.

미국에서 생활할 때, 나는 내가 가는 어디든 마음껏 나만의 공간 리스트를 만들 수 있었다. 도심 속 공원의 벤치도, 학교 앞 드넓은 필드도, 자연 풍경이 보이는 멋진 국립 도서관도 나만의 공간이 되곤 했다. 내가 가는 곳 어디에서든 방해 없이 나만의 공간을 가질 수 있었다. 그러나 지금 환경 오염 문제가 심각한 중국 베이징에서 나에게 주어진 공간은 오직 2평 되는 2층 침대와 책상뿐이었다.

미국에서의 시간을 돌이켜보니, 어머니가 정해준 통금 시간 외에는 나의 자율성을 통제하는 제약이 특별히 없었다. 나는 신앙과 책으로 배운 인간의 삶에 대한 기본적인 원칙을 스스로 만들고 그 범위를 지켜왔다. 스스로 원칙을 만들고 지키는 것과 모두가 공통된 원칙을 함께 지키는 것에는 확연한 차이가 있었다. 공통된 원칙을 지키지 않을 때는 설령 그 의도가 선하다고 하더라도, 함께 원칙을 지키는 사람에게 불편함을 주거나 오해를 사는 경우가 생기기 때문이다. 중국에서 나의 물리적 공간은 확실히 한정되어 있었다. 한국보다도 더 작은 공간이었다. 간신히 안전 철골과 창문을 통과해 들어오는 빛줄기와 2평 되는 공간이었다.

그러나 홍익대학교 한 건축학 교수의 말에 따르면, '공간은 실질적 물리량이 아니라 기억의 총합'이라 했다. 이들과 쌓는 공통의 추억, 학교에서 배우는 새로운 지식 그리고 책 속에서 간접적으로 만나는 훌륭한 위인들이 나의 새로운 방을 만드는 방법이 되었다.

주어진 환경을 탓하고만 있을 것인가. 누구나 때론 자신이 계획하지 않은 환경을 맞닥뜨리곤 한다. 그러나 2평짜리 방에도 철창과 창문을 비집고 들어오는 빛 한 줄기가 있다. 빛을 발견하는 것은 빛을 향한 자신의 의지에 달렸음을 잊지 말자.

중국의 힘

The Power of Nation

"검은 고양이든 흰 고양이든 오로지 쥐만 잘 잡으면 그만이다."

- 덩샤오핑, 흑묘백묘론(黑猫白猫論)

4분의 1의 한 칸 방에서 나는 두 명의 중국인 학생과 성국이와 함께 기숙사 생활을 시작했다. 나는 철저한 규제 속에서 중국을 관찰할 방법을 찾았다. 중국에선 마크 저커버그의 플랫폼 페이스북이나 구글과 같은 검색 엔진으로 세계와 소통하는 것을 규제했다. 중국인 학생들은 VPN 우회 프로그램을 사용해 세계와 소통하는 데 큰 지장이 없는 것처럼 보였지만, 나는 중국 당국이 가진 강력한 규제와 내가 있던 미국의 자유로운 체제의 차이를 몸소 느꼈다. 미국과는 다른 이곳에서 이루어지는 온라인 공간에 대한 강력한 통제, 물리적 공간의 제한 아래 답답함을 느낀 나는 이것의 근원이 되는 중국의 체제를 이해하고자 했다. 자유로운 체제 속에서 개척자 정신으로 수많은 세계적인 기업을 배출한 미국과는 전혀 다른, 오늘날의 강대국을 이룬 중국의 힘은 무엇일까.

중국 제1대 주석 마오쩌둥毛澤東의 문화대혁명은 중국을 내란의 상황으로 만들었고, 혁명의 이름 아래 중국 문화유산이 파괴되었다. 지식인들이 죽어갔고 경제 또한 무너졌다. 마오쩌둥의 죽음 이후, 새로운 지도자가 된 덩샤오핑鄧小平은 개혁을 추진했다. 1981년 12월, 중국 공산당 〈중앙공작회의〉에서 그는 더 이상 사회주의 이념에서 머무르지 않는 새로운 사상이 필요하다고 제안했다. 실천만이 진리를 검증하는 '실사구시實事求是'의 자세로 4개 영역의 현대화를 이뤄야 비로소 중국이 선진사회가 될 수 있다고 웅변했다. 곧 공업과 농업, 국방과 과학기술의 현대화였다. 1978년 12월 18일 〈11기 3중전회〉에서 중국은 새로운 역사를 쓰게 된다.

중국은 사회주의 현대화를 이루기 위해, 중국을 소련 견제의 방편으로 삼고자 한 미국과 교류하기 시작했다. 중국 특색의 사회주의는 남쪽 해안 도시들(선전深川, 주하이珠海, 션터우仙頭, 시아먼廈門 등)을 개방하면서 국제무역의 길을 열었고, 5개의 경제특구와 14개의 개방도시가 세워지면서 금융과 물류의 중심지가 되어 점차 외화를 확보하기 시작했다. 경제특구와 개방도시의 외국인들에게 세금 혜택을 주고 투자 환경을 조성함으로써 서구 선진국들이 투자를 시작했다. 이렇게 유입된 어마어마한 해외 무역과 외화 보유량을 통해 덩샤오핑의 개혁개방이 이루어졌다. 그 후, 사회주의 국가인 중국에서 〈농가생산책임제〉나 〈개체호(자영업) 허용〉 등 자본을 사유화할 수 있는 제도로 개헌되면서, 농민들은 생산의 일정량을 스스로 처분할 권리를 얻었다. 급격한 경제 발전으로 도시화와 빈부 격차가 생겼지만, 중국은 소련의 사회주의 세계 패권국이라는 노선을 따라가지 않고 삼국지 속 유비의 도광양회(韬光养晦, 자신의 재능이나 명성을 드러내지 않고 참고 기다린다는 뜻)의 자세로 세계 국가와 협조하며 미국과 대립할 정도의 강력한 경제 대국을 이루었다.

중국은 정당 운영 방식에서도 미국이나 한국과 큰 차이를 보였다. 자유민주주의 속 민주당과 공화당이라는 양당제 대립 구도가 아닌 하나의 집단 지도 체제로 운영되며, 실제로 중국 공산당원 수만 대략 9500만 명이다. 그러나 실질적인 중국의 의사 결정은 전국대표대회라는 대략 2,287명이 모인 조직에서, 중앙위원회 내 최고 권력 기관인 중앙정치국이 결정한다. 인원은 25명이며, 최종 의사 결정은 상무위원 7명이 각자 다른 역할을 분담해 결정한다. 공산당은 각 분야의 5~6%에 해당되는 엘리트들을 선출해 운영되어 왔다. 1949년 중화인민공화국 수립 후, 민주적인 토론은 없어지고 집중제만 남게 되어 중국은 4대 복종 원칙에 맞춰 최고 지도자에게 복종하는 권력 집중 체제가 된다.

이는 독일 정치학자 베버Max Weber가 얘기했던 가산제 국가(군주의 사적인 세습 재산으로 취급되던 국가)를 의미한다. 오늘날의 중국은 특유의 사회주의를 만들며 개인이 가진 자유와 존엄성의 가치를 상실했다. 정치학자들은 중국 공산당이 개인의 기본권을 보장하지 않을 경우 앞으로 국제사회에서도 인정받기 어렵다고 평가한다.

중국 공산당은 자유민주주의와 비교했을 때 개인의 가치와 '자유'를 보장하지 않는 큰 결함을 품고 있지만, 미국과 패권 대립을 이룰 만큼 강력한 자주국임은 부정할 수 없다. 서울대학교 국제대학원 한 교수의 말에 따르면, 중국 코로나19 팬데믹에서 빠른 의료 대처를 보여준 중국 공산당의 성과는 중국의 20여 년간 추진한 '혁신'을 기반으로 이루어졌다고 말했다. 14조 달러를 보유하고 기술 자립도를 통해 독자적 정치체제의 '핵심 이익'을 추구하며 자신만의

'자생력'을 갖춘 중국과 미국의 패권 전쟁은 앞으로 10~20년간 계속될 것이다. 나는 중국의 모습에서 '혁신'을 통해 '핵심 이익'에 집중하고 몰입해 성과를 이루는 '자주력'을 배웠다. 과거 중국인들은 민주화에 대한 불만과 빈부 격차라는 공산당의 결점을 인정했지만, 오늘날 중국인들은 그동안의 성과를 바탕으로 중국만의 독립적인 체제를 갖춘 공산당을 지지하는 것처럼 보인다. 중국 특유의 사회주의는 개인의 자유가 무엇보다 중요한 나에게는 여전히 불편하게 느껴지지만, 남에게 의존하지 않고 자주력을 갖추는 힘은 배울 만한 가치라 생각한다.

이것은 내가 어느 곳에 있든 타인에게 의존하지 않고 나만의 '소명'의 길을 가는 것의 중요성을 다시 한 번 일깨웠다. 나를 끊임없이 혁신시키고, 나만의 독립된 길을 걷는 것. 이것은 외로운 길이다. 그러나, 나는 계속 나아가리라. 핵심 목표와 원칙을 세우고 그것을 이루기 위해 포기하지 않고 나아가리라 다짐해본다.

여학생의 고백

Principle of Your Life

"비록 사용할 수 있는 시간이 10분밖에 안 되더라도, 우선순위를 설정하라."

- 로타르 J. 자이브레트

2011년 겨울, 매일 뿌연 공기로 가득 찼던 창가엔 함박눈이 내리고 있었다. 황사가 섞여 내리는 눈인데도 학생들은 눈을 맞으며 즐거이 등교하고 있었다. 한국인이 절반이고, 중국인 30%와 20%의 러시아, 우크라이나, 콩고 등 외국인 학생들과 함께하는 학교생활에 적응하는 데는 긴 시간이 걸리지 않았다. 더군다나 중국어가 아닌 영어로 학교생활을 하면서 다양한 인종의 학생들이 함께 생활했기에 어렵지 않은 하루하루였다. 나는 운동을 잘했기에 농구팀과 축구팀에서 적극적으로 활동하고, 락밴드와 재즈밴드 동아리에도 소속됐다. 학생자치위원회Student Council에도 속해 매주 수요일 저녁엔 학생 임원 회의를 하며 학업에 몰두했다. 중국을 경험하러 온 이곳은 마치 미국에 있는 듯한 착각을 주었다. 겨울방학을 앞두고 밴드부 리더였던 보컬 형이 내 방에 찾아왔다.

"문아, 내가 이번 크리스마스 공연 때 레베카한테 고백을 하려고 해. 네가 꼭 좀 도와줘."

밴드부에서 베이스를 맡고 있던 나는 흔쾌히 수락했다. 모든 사람이 보는 앞에서 고백한다는 것이 과연 좋은 전략인가 싶었지만, 형의 진실한 용기에 도움을 주고자 우리는 공연을 앞두고 스티비 원더 Stevie Wonder의 'Isn't She Lovely'를 연습했다. 드디어 크리스마스 이브가 되었다. 크리스마스 파티는 학기 말 학업에 지친 학생들에게 활력소가 되는 거대한 이벤트다. 교장 선생님의 축하 인사와 함께 파티의 막이 올랐다. 학생들이 준비한 공연이 모두 끝나고 마지막 퍼포먼스로 우리의 공연 순서가 다가왔다. 노래가 끝날 때 조명팀이 보컬 형과 고백받을 여학생을 비추고 꽃과 노래를 전달하는 것이 우리의 계획이었다. 나의 베이스 라인과 함께 노래가 시작됐다. 학생들은 열광했고, 모두 자리에서 일어나서 지나온 학업에 대한 스트레스를 던져버리고 함께 노래했다. 이제 마지막으로 그 여학생에게 고백할 타이밍이었다. 거대한 실내 운동장이 암전됐고, 조명이 켜졌다. 보컬 형은 담백한 목소리로 멜로디를 부르기 시작했다.

"Isn't she Lovely~ Isn't she Wonderful~"

그런데 무슨 일일까. 나는 조명이 켜졌을 때 이상한 일이 벌어졌음을 직감했다. 학생들은 함성 지르는 것을 멈추고 숨죽여 이 상황을 지켜봤다. 상대 여학생에게 조명이 켜졌고, 보컬 형을 비춰야 할 조명이 나를 비췄다. 꽃을 들고 여학생에게 걸어가던 보컬 형도 당황했고, 베이스에 몰입한 나 또한 당황했다. 학생들은 모두 그 고백이 내가 그 학생에게 하는 것이라고 생각하고 함성을 지르기 시작했다. 조명팀에서 뭔가 잘못됐다는 것을 직감했지만, 이미 상황은 종료되었다. 보컬 형은 꽃을 전달하고 다시 무대 위로 올라와 공연을 마쳤다. 그날 이후로 겨울방학이 되기 전 일주일 동안, 나는 의도치 않게 많은 여학생에게 문자와 관심을 받게 됐다. 매 순간 남자들과 함께 시간을 보냈던 나에게는 과도한 관심이었다. 그러나 늘 목표와 꿈에만 집중하고 살아온 내게는 말랑말랑하고 미묘한 기분 좋은 감정이기도 했다.

"네 옆자리에 앉아도 돼?"

학교에서 가장 예쁘기로 소문난 중국 여학생이 내게 물었다. 큰 키와 긴 생머리의 그 학생은 내가 대답하기도 전에 내 옆자리에 앉아 수업을 들었다. 수업에 잘 집중이 되지 않았다. 옆에 앉은 여학생의 향수 향이 내 코를 찔렀다. 늘 운동부 남학생들과 함께 수업을 듣는데 익숙했던 나였다. 친구들의 땀냄새와는 다르게 그 여학생에게는 좋은 향이 났다. 그날부터 매일 카페테리아에서 식사를 할 때도, 운동을 마치고 기숙사에 올 때도 내가 가는 곳곳마다 그 여학생이 있었다. 겨울방학 동안 한국에 있는 가족을 보려고 짐을 정리하는데, 성국이가 기숙사 1층에서 누가 나를 기다린다고 전해주었다. 나는 싸던 짐을 내려놓고 1층으로 내려갔다. 그 여학생이었다.

"문, 그동안 쭉 너를 지켜봤어. 나 너를 좋아하는 것 같아."

편지가 담긴 초콜릿과 사탕이 든 바구니를 나에게 건네고 그 학생은 여자 기숙사로 황급히 뛰어갔다. 이성에게 처음 받은 고백에 기분이 이상했다. 한참을 멍하니 있다가 선물을 들고 기숙사로 올라왔다. 회색 같던 나의 삶에 핑크빛 물결이 스며들었다. 한국행 비행기에서 그 소녀의 편지를 폈다. 중국어와 영어를 섞어 직접 손으로 적어내린 여학생의 편지엔 진심이 담겨 있었다. 자신의 감정을 솔직하게 적어냈지만 나를 좋아한다는 표현은 사실 간지럽고 어색하기만 했다. 힘들게 낸 용기를 알지만 나의 머리와 가슴엔 연애와 사랑으로 채울 공간이 없었다.

유시민 작가는 삶은 크게 4가지 영역으로 채워진다고 말했다. 자신이 하는 일, 함께 시간을 공유하는 사랑하는 사람, 나를 쉬게 하는 재미있는 놀이, 전혀 알지 못하지만 함께 시대를 살아가는 공동체에 대한 연대로 말이다. 사람은 4가지 영역으로 나누어진 자신의 삶을 자신만의 색으로 채워간다고 얘기했다. 이른 유학을 결정하고 치열하게 살아온 나의 10대는 오로지 나의 미래의 일과 그 일을 통해 변화시킬 공동체에 대한 관심뿐이었다. 잠깐이나마 느낀 한 여학생의 사랑의 마음은 따뜻했고 고마운 설렘이었다.

그러나 아직 진정으로 이 땅에서 나 자신이 이루고자 하는 일조차 모르는 오늘, 나의 우선적 가치는 '소명'이었다. 내가 나아가야 할 방향을 모르고 나조차도 책임지지 못하는데 어떻게 타인을 사랑할 수 있겠는가. 삶에는 우선순위가 있다. 고등학생인 17세의 나이, 나의 우선순위는 일, 연대, 사랑 그 다음이 놀이였다. 우선순위가 무너지는 순간 모든 것이 무너진다. 나의 길을 찾고, 혼자 이룰 수 없기에 함께 이룰 것이며, 사랑하는 하나뿐인 사람과 행복해지고 싶다. 가끔, 모든 생각을 상자 속에 담아 잠그고 침대에 누워 편하게 잠들 수 있는 날을 상상해본다. 따듯하고 포근한 날일 게다.

첫 일탈과 방황

Learn from Failure

"방황하는 이들 모두가 길을 잃은 것은 아니다."

- J.R.R. 톨킨

2012년 봄, 열여덟 살이 된 해였다. 한국에서의 짧은 방학을 마치고 돌아온 중국, 나는 대학 입시와 진로에 대한 고민으로 가득 차 있었다. 중국에 있던 미국 학교는 대부분 미국 아이비리그 대학 진학에 초점을 맞추고 있었다. 나는 방과후 SAT, SAT II와 AP를 준비하는 수업을 병행하며 오로지 대학입시에만 집중했다. 무엇을 하고 싶은지, 무엇을 잘 하는지보다는 오로지 높은 성적과 미국에 있는 높은 순위권에 드는 학교에 가는 것이 답이라고 생각하며 시험공부에만 전념했다.

아침에 일어나 오후 4시 정도까지 수업을 듣고, 방과후엔 대학 입시 공부를 10시까지 반복하는 강도 높은 일정이었다. 정해진 일정 속에서 쉼없이 공부만 했던 나는 나를 돌아볼 시간조차 없이 그저 주어진 공부만 생각하며 하루하루를 보내고 있었다. 이 시간이 지속될수록 유일한 스트레스 해소였던 운동도 하지 못하는 일정 속에서, 무언가를 해소할 방법이 필요했다. 직감적으로 느꼈다. 교회를 가야만 했다. 나를 좀 비우는 시간을 가져야만 했다. 함께 학생회장을 맡았던 친구 헬렌의 아버지가 운영하는 작은 교회가 있었다. 중국에 있는 아파트를 빌려 작은 집에서 학생과 선생님들이 모여 예배를 드리는 공간이었다. 이곳의 역할은 예배당뿐만이 아니라 토요일 자신의 집에서 시간을 보낸 학생들이 학교로 돌아가기 전 함께 버스를 타기 위해 모이는 장소이기도 했다. 예배를 마치고 학교로 돌아가는 버스에서 밴드 팀 기타 형이 내 옆에 앉았다.

"문아, 이번 주 토요일에 형 집에 가지 않을래?"

스트레스가 많았던 나는 형의 제안을 흔쾌히 승낙했다. 매주 빡빡했던 학업 일정에 지친 내게는 쉼이 필요했다. 토요일이 되었다. 학교 앞에는 택시 한 대가 와 있었다. 형은 능수능란하게 중국인 기사님께 택시비를 흥정하고 형의 집으로 향했다. 목적지는 베이징에 있는 왕징이라는 한인타운이었다. 큰 쇼핑몰과 높은 빌딩이 즐비했다. 택시를 타고 도착한 곳은 큰 빌라 타운이었다. 난생 처음 보는 주거 형태의 빌라 현관을 통과해 2층에 올라가니, 밴드부에서 드럼을 치던 미국계 중국인 친구가 현관문을 열며 우리를 반갑게 맞이했다.

"문, 테라스로 나와 봐. 풍경이 끝내줘!"

나는 테라스로 걸어나갔다. 베이징의 풍경이 보이는 곳에서 그는 한 손에는 맥주 캔, 한 손엔 담배를 들고 내게 얘기했다.

"어때? 너무 좋지 않아? 너도 한 대 태울래?"

고등학생 신분에 술과 담배라니, 나는 거절했다. 무엇보다 이 상황이 너무 익숙한 듯한 그 형의 능글맞음에 나는 묘한 감정을 느꼈다. 자신의 집도 아닌 친구의 집에서 학생들이 이런 시간을 보내고 있음을 들킨다면 학교에서 큰 처벌이 따를 것을 잘 알기 때문이었다. 불안한 마음도 잠시, 거실에 있는 게임기를 켜고 오랜만에 공부가 아닌 즐거운 시간을 보내고 있자니 다른 한국인 선배들이 집에 도착했다. 학교 임원 회의 때마다 학교에 문제를 일으켜 늘 거론되는 선배 형들이었다.

"문, 너도 왔구나. 오늘 한번 제대로 놀아보자."

함께 시간을 보낼수록 흥이 넘쳤다. 다들 어떻게 이곳에 왔는지 알 수 없었지만 그들은 멋지게 옷을 빼입고 이런저런 얘기를 나누며 시간을 보냈다. 선배들은 다 함께 식사하는 자리에서 나를 축하해 주겠다며 국그릇에 술과 중국 음료를 섞어 나에게 권했다. 다들 어느 정도 술에 취해 있는 틈을 타, 나는 마시는 척 그릇을 내려놨다. 그것을 본 선배들은 못마땅한 듯 함께 입김을 불어넣었다.

"형들이 준 축하준데, 마셔야지!"

나는 현우 형에게 불편한 눈빛을 보냈다. 계속되는 형들의 부추김에 나는 거절하지 못하고 그릇에 담긴 술을 모조리 들이켰다. 처음 마시는 독주는 매우 썼다. 그때부터 몸의 모든 감각이 느슨해지면서 묘한 기분을 느꼈다. 술자리의 분위기는 더 고조되고, 드러머 친구는 비트가 강하고 빠른 일렉트릭 음악을 틀었다. 형들은 자리에서 일어나 특이한 춤을 추기 시작했다. 다들 홍을 주스르지 못하고 일어나 함성을 지르며 춤을 추기 시작했다. 젊음의 열기와 홍을 멈추지 못하던 중 가장 나이가 많았던 형이 음악을 끊었다.

"자, 우리 이제 슬슬 나가볼까?"

저녁 열한 시 반쯤, 모두가 홍에 취해 있을 때였다. 택시들이 빌라 앞에 도착해 있었다. 나는 어디로 향하는지 모른 채 오만가지 걱정을 하며 그 차에 탔다. 우리가 향한 곳은 한인타운 중심에 있는 한인 클럽이었다. 오바마의 전기에서 읽었던, 고등학교 때 마약과 술로 방탕한 시간을 보냈다는 그의 어린 시절이 머리에 떠오르며 두려움이 앞섰다. 아무리 힘든 고난과 역경이 있더라도, 나의 삶에 실수를 용납하고 싶지 않았다.

우리는 한인 클럽에 도착했다. 두려움도 잠시, 나는 형형색색으로 가득 찬 거대한 클럽하우스에 압도되었다. 클럽을 운영하는 사장과 친분이 있던 선배를 통해 우리는 가장 중심에 있는 테이블로 안내를 받았다. 그곳에는 한국인과 중국인, 해외에서 온 다양한 외국인들이 함께 술을 마시고 춤을 추고 있었다. 우리는 테이블에 앉았다. 자연스레 춤을 추다 보니, 우리 옆에는 여성분들이 모였고 함께 어우러져 놀기 시작했다. 내일 닥칠 일들을 잊고 오로지 젊음 속 붉은 쾌락에 젖어 들고 있었다. 술에 취한 한 한인 여성이 춤을 추다가 나에게 다가왔다. 눈이 풀려 나에게 안기려고 할 때 나는 직감적으로 클럽 바깥으로 뛰쳐나왔다. 시간은 새벽 세 시였다. 현우 형을 불러 택시를 타고 집으로 돌아왔다. 씻지도 않고 침대에 누웠다. 머리에서 클럽에 듣던 음악이 울리는 와중에 나는 몽롱하게 취해 잠자리에 들었다.

다음 날 아침, 우리는 옷을 갈아입고 학교행 버스를 타기 위해 교회로 향했다. 어제 있었던 일들이 머릿속에 스치며 교회에 있는 내내 마음이 불편했다. 지금까지 좋은 성과를 이룰 때마다 나의 계획을 늘 현실로 이루게 해준 하늘에 계신 하나님에 대한 죄책감이었다. 그날부터 나는 매주 선배 형들과 함께 베이징을 누볐다. 스트레스를 푼다는 핑계로 매주 선배 형들과 시간을 보낼수록 주중에도 공부보다는 주말에 나다닐 생각으로 가득 찼다. 주중에는 혹독하게 공부를 하고 주말에는 젊음을 불태우는 시간이 흐를수록 나는 무언가 방향을 놓치고 있음을 직감했다.

해병대 사감 선생님의 집합

Take Ownership of Your Mistakes

"행동에는 결과가 따른다, 이것이 삶의 첫 번째 규칙이다.
두 번째 규칙은 이렇다. 자신의 행동에 책임이 있는 유일한 사람은 바로 자기 자신이다."

- 홀리 라일

2012년 3월 주말이었다. 이번 주는 베이징에 나가지 않고 기숙사에서 쉬고 싶다고 현우 형에게 얘기했던 주말이었다. 카페테리아에서 식사를 마치고 기숙사로 돌아왔는데, 사감 선생님의 호루라기가 울렸다. 분노에 찬 사감 선생님은 기숙사 학생 모두에게 중앙 현관으로 집합하라고 소리쳤다.

"휘리릭, 기숙사에 있는 학생 모두 집합!"

유일한 휴식 시간에 떨어진 사감 선생님의 집합 명령에 학생들은 수군거렸다.

"그동안 학교 밖으로 나가서 학생 신분으로 술을 마시거나 담배를 피운 학생이 있다는 것을 알고 있다. 지금 고백한다면 그 행동에 대한 처벌을 줄여주겠다."

모든 학생이 숨을 죽이고 눈을 감고 있었다. 그 자리에는 매주 함께 나갔던 선배 형들과 클럽에 오던 외국인 학생들도 함께 있었다. 시간이 흐를수록 마음이 불안해졌다.

"알겠다, 해당 인원이 누군지 알고 있으니 이 자리에서 손을 들지 않은 학생들은 오늘 저녁에 내 방으로 개인적으로 찾아와라. 모두 다시 자기 방으로!"

기숙사 방에 앉아 있으니 많은 생각이 들었다. 나는 침대에 누워 있는 그대로 사실을 얘기하고 처벌을 받는 것이 옳다고 생각했다. 그러나 저녁에 사감 선생님께 찾아가 얘기를 드리면, 나와 함께 나갔던 모든 학생에게도 피해가 갈 것이라는 생각에 머리가 복잡해졌다. 저녁식사 뒤 다들 쉬는 시간이었다. 나는 사감 선생님 방에 찾아갔다. 빨간색 해병대 물품으로 가득 찬 사감실에서 선생님은 나를 보고 의아한 듯 물었다.

"문, 무슨 일이야?"
"선생님께 드릴 얘기가 있습니다."

최근 2개월간 주말에 있었던 일을 있는 그대로 말씀드렸다. 묵묵히 얘기를 들으시던 사감 선생님은 내게 물었다.

"다른 학생들을 예상했는데, 문 너도 나갔었다니. 그래도 솔직하게 용기 내 얘기해줘서 고맙다."
"죄송합니다."

"그래도 잘못을 했으니 책임을 져야 해. 너는 어떻게 했으면 좋겠니?"

"어떤 처벌을 받아도 되니, 다른 학생들에게 피해만 안 미쳤으면 좋겠습니다."

"네가 맡은 회장단을 해임하고, 매일 선생님과 함께 운동장 3바퀴를 돌자. 다른 학생들에겐 이 일을 비밀로 해줄게."

"네, 알겠습니다."

그동안 쌓아놓은 것들이 무너지는 기분이었다. 학생 임원단은 학생 중에서도 지도력이 있고 성실한 학생에게만 주어지는 특별한 직책이었다. 더군다나 사감 선생님과 운동장을 도는 것은 학생들에게 어떤 처벌을 받았다는 것을 드러내는 일이었다. 나는 마음이 불편했다. 그동안 학교에서 쌓아온 신뢰와 노력이 한순간에 무너지는 것이 두려웠다. 모든 일에는 책임이 따랐다. 노력해왔던 것들이 한순간의 실수로 모두 무너질 수도 있다. 이루고자 하는 목표가 있다면, 보다 냉정하고 명확하게 원칙을 지키고 달콤한 유혹은 뿌리칠 줄 알아야 한다. 자신만의 성을 이루고자 한다면, 마주해야 할 도전과 피해야 할 상황을 분별하는 지혜가 필요하다는 것을 배우는 시간이었다.

유럽의 꿈

Always Dream Big

"대부분의 사람들에게 가장 위험한 일은 목표를 너무 높게 잡고 거기에 이르지 못하는 것이 아니라 목표를 너무 낮게 잡고 거기에 도달하는 것이다."

- 미켈란젤로

2012년 초여름, 이마에 땀이 송골송골 맺힐 정도로 더워지던 날씨였다. 벌써 중국에 온 지 1년이 다 되어 가고 있었다. 나는 여전히 공부를 하면서 내가 무엇을 잘하고 무엇을 좋아하는지, 무엇을 목표하는지 모른 채 방황하고 있었다. 처음 미국으로 떠났던 시절 세웠던 오바마를 좇아 '완벽한 삶'을 살겠다는 목표는 그저 거시적 관점에서의 추상적인 꿈이었다. 그리고 현 시점 모두의 통과 의례인 좋은 대학에 가야 한다는 것은 알지만, 그것은 나의 궁극적 꿈이 아니었다. 꿈은 직업이나 돈, 명예와 같은 명사가 아니라 행동이라고 했다. 나는 무엇을 하면서 살고 싶은가? 무엇을 이루고자 하는가? 스스로 질문했다. 그러나 바로 답을 찾기는 매우 어려웠다. 이제 막 18세가 되는 고등학생에게 특정 직업군을 경험해볼 방법은 없었다. 책이나 영상을 통해 간접적으로나마 이해하는 정도뿐이었다. 자신의 삶을 채우는 일, 사랑, 놀이와 연대를 어떻게 충족할 수 있을까, 그리고 나만이 가진 잠재력과 그것을 최대한 발휘하는 일은 무엇일까 고민하고 또 고민했다. 넓은 세계를 이해하고자 학문적인 욕구를 태우고 그것을 통해 배움을 얻어왔지만, 이 땅에서 개인의 삶은 단순했다. 그럼에도 나의 삶을 어떤 모양으로 만들고, 어떤 색으로 채색할지는 오로지 내 운명의 주체인 나 자신에게 달렸다. 나는 10년 후, 내가 바라는 나의 가장 멋진 모습이 무엇일지를 기도하고 또 기도했다.

여름방학이 되었다. 급격한 성장을 이룬 미국의 한 해와는 다르게, 대학입시를 준비하며 수없이 고민하고 방황한 길고 긴 중국에서의 한 해였다. 한국으로 가기 전 일주일간 시간이 있어, 베이징에 있는 한인타운에서 스트레스를 풀기 위해 친구들과 당구장으로 향했다. 친구들과의 대화에는 진로나 미래에 관한 이야기가 없었다. 미래에 대한 진로와 꿈으로 가득 찬 내 머릿속과는 다르게, 친구들의 대화 주제는 한국에 가서 놀고 먹고 사고 싶은 것들로만 가득 차 있었다. 성국이가 내게 물었다.

"문아, 너는 이번에 한국 가서 뭐 하고 싶어?"

"나는 유럽에 갈 준비를 하려고, 이곳에서는 더 이상 미래가 안 보여."

"유럽? 멋진 생각이긴 한데 너무 늦지 않았을까, 우리 이제 내년이면 주니어(고등학교 2학년)고, 그 다음 해는 시니어(고등학교 3학년)야."

당장 내년 고등학교 2학년이 되는 내게 유럽으로 가는 것은 현실적으로 무모한 일이었다. 지금까지 미국 교육 과정을 밟아왔고, 유럽 국가에서는 영국을 제외하고 영어로 대학 수업을 하는 곳이 거의 없었기 때문이다. 그렇지만 미래에 대한 깊은 고민의 결론에, 내가 이미 경험했던 미국으로 다시 돌아가는 선택지는 없었다. 그리고 1년간 중국에서 경험한 외부 세계와의 단절, 환경오염, 사람들의 무질서함 그리고 무엇보다 대학 생활 동안 내가 보고 배울 수 있는 것들이 매우 제한적일거라는 생각이 들었다. 한동안 생각에 잠겨 있다가 큐대를 들고 당구공을 쳤다. 흰색 공이 빨간 공을 맞히고 쿠션 세 번을 맞추고 아슬아슬하게 또 다른 빨간 공을 맞혔다. 나는 직관적으로 느꼈다.

'나는 유럽에 간다.'

무엇이 나를 유럽이라는 곳에 가야 한다는 마음을 갖게 했을까. 나는 논리적인 이유보다 늘 가슴의 울림을 듣고 결정을 내리면서 살아왔다. 미국에 가는 것도 중국으로 혼자 떠나게 된 것도 모두 보장된 길이 아닌 가슴의 울림을 통한 도전의 길이었다. 평탄하지 않은 좁은 길로 떠나는 일에는 늘 모험과 시험이 따른다. 그리고 그곳으로 떠나 정작 내가 상상하지 않았던 현실이 펼쳐지더라도 그 모든 결과에 대한 책임은 온전히 나에게 따랐다. 미국과 중국을 경험한 나는 공간의 선택이 매우 중요하다는 것을 배웠다. 그러나 동시에 만약 좋지 않은 환경이 펼쳐지더라도 똑같은 공간에서 어떤 나를 만들어갈지, 무엇을 배울지, 누구를 만날지에 대한 결정은 모두 나의 주체적 의지에 달렸다는 사실도 배웠다. 홀로 떠나 그 누구도 이래라저래라 하지 않는 타지에서, 내가 의지할 것은 오로지 나 자신과 내가 믿는 나의 길을 인도하시는 하나님뿐이었다. 나는 중국을 통해 자생력, 즉 독립성을 배웠으며, 삶을 채우는 것들의 우선순위와 스스로 내린 결정이 만든 실수에 대한 책임을 배웠다.

과정에서 도전했고 깨졌고 아파했고 다시 붙잡고 비워낼 때마다 그 순간순간이 모여 나만의 고유한 삶을 만들어가고 있었다. 도전을 하고 난 뒤 수많은 실패를 거듭하는 것은 궁극적으로 더 단단해지기 위함이었다. 실수하고 때론 불안에 잠겨 잠 못 든 순간이 많았지만 나는 그렇게 독립된 주체로서 천천히 성장해 나가고 있었다. 미국과 중국을 경험한 나의 마지막 목적지는 유럽이었다. 대략 27개국이 모여 거대한 연합을 이루고 있는 미지의 땅에서, 더 많고 다양한 국가의 문화를 경험하고 새로운 사람을 만나고, 선진국의 모든 교육 방식을 온몸으로 습득하고자 했다. 고대 로마 시대, 우리 인류의 시작점이었던 그곳에서 오늘날까지 흐르고 있는 역사의 흐름 속에서 나는 살아 있는 동안 무엇을 해야 할까, 나의 삶의 '소명'을 찾기 위해 나는 반드시 유럽으로 가야만 했다.

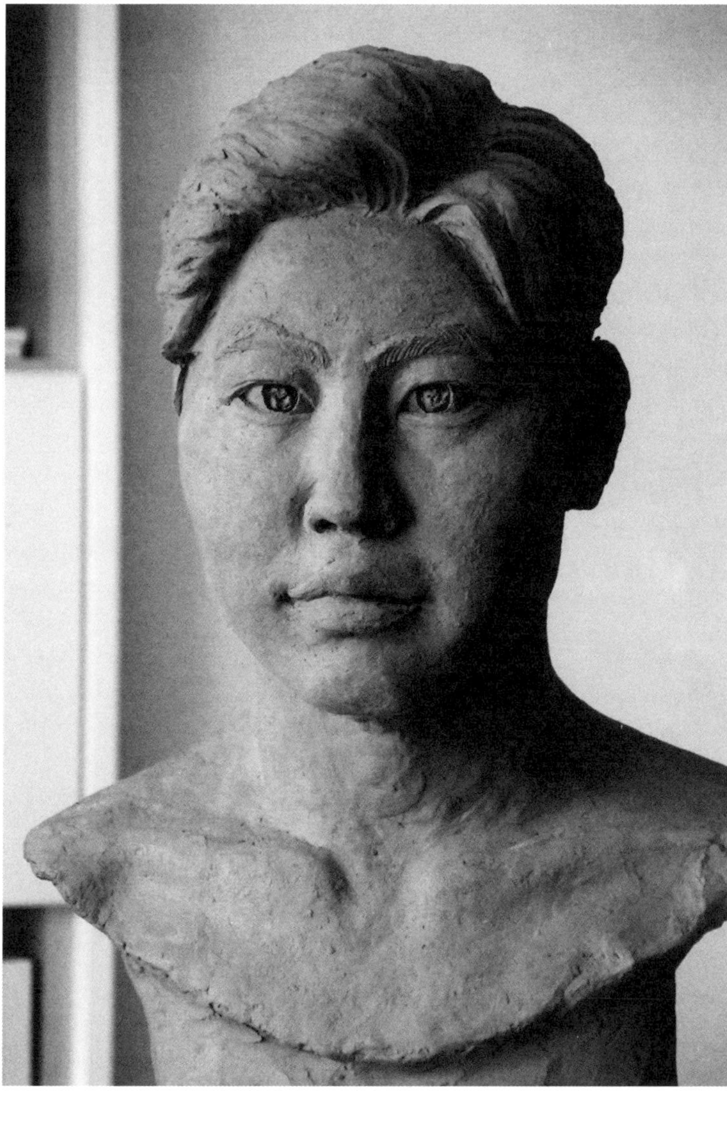

중국에서 귀국 후 제작한 자화상, 2011

당시 중국에서 그리던 유럽의 모습, 2011

제3장

한국 서울

어둠 속 간절한 기도

Power of Prayer

"기도하라, 그리고 염려는 하나님께 맡기라."

- 마르틴 루터

상상한 것과 다른 현실과 방황의 시간을 보낸 중국에서 돌아온 나는 마음이 무거웠다. 나를 오랜만에 본 부모님도 내 얼굴을 보고 놀라셨다. 거칠어진 피부와 생기 없는 표정에 어머니는 내게 물었다.

"얼굴이 너무 안 좋다. 중국에서 도대체 무슨 일이 있었던 거야?"

도전 속에서 스스로 일궈내기보다 깨지고 방황하는 시간을 겪고 돌아온 한국에서 나는 막연한 시간을 보내고 있었다. 유럽을 가겠다는 직관적 확신은 있지만 정해진 목표는 없었다. 유럽에 가기 위해 준비해야 할 것은 산더미였고 9월 학기에 맞춰 나가기 위해선 시간이 촉박했다. 짊어진 무거운 짐들을 내려놓고 아무런 생각도 하지 않고 쉬고 싶은 마음이었다. 무엇보다 정신적으로 너무 지쳐 있었다. 중국에서 나의 실수와 책임에 대한 대가를 치르면서 나는 모든 화살을 나에게 돌렸다. 친했던 친구를 만나 그동안 있었던 우여곡절을 털어놨다. 친구는 그저 나의 얘기를 묵묵히 들어줬다. 듣더라도 한 번도 경험해보지 못한 나의 삶을 완벽히 이해하지는 못했겠지만, 그저 나의 얘기를 들어주는 친구에게 내가 갖고 있던 무거운 짐을 내려놓을 수 있었다. 친구는 내게 이번 여름에 있는 수련회에 같이 가자고 제안했고, 나는 정신적 도피처가 필요했기에 흔쾌히 수락했다.

시끄러운 매미 떼가 울고 땅에 떨어진 은행 냄새가 코를 찌르는 한국의 여름이었다. 가방에 여분의 옷을 챙겨서 친구와 함께 교회로 향했다. 교회에는 초·중학교를 함께했던 친구들이 있었다. 오랜만에 만난 친구들과 함께하는 교회 수련회는 즐거운 여행과 같았다. 수련회에서 좋은 말씀을 전해주시던 목사님과 함께하는 모든 친구들은 긍정적이고 따뜻했다. 나는 온몸으로 짊어지고 있었던 무거운 짐을 나는 그 시간을 통해 잊고 털어버리고 있었다. 마지막 날 밤이 되었다. 불이 꺼진 수련회장, 교회 밴드의 열기가 뜨거워지고 이제 고요한 시간 속 개인 기도 시간이었다. 장난기 많던 학생들도 각자 자신의 고민을 갖고 기도하기 시작했다. 나는 눈을 감았다. 그리고 속으로 묵묵히 참아왔던 답답한 마음을 있는 그대로 토해냈다. 눈앞에 그동안 미국과 중국을 거쳐 가며 힘들었던 시간이 스쳐갔다. 그 속에는 늘 새로운 도전에 맞서 스스로와의 싸움을 담담히 이겨내는 나 자신의 모습이 보였다. 아무것도 보이지 않는 어두운 기도실, 나는 무릎을 꿇고 간절히 기도했다.

"하나님, 저는 부족함이 많습니다. 완벽한 삶을 살고자 했지만, 사소한 유혹과 시험에 무너져 내렸습니다. 제 부족함을 용서해주세요."

나의 간절한 기도에 응답하신 듯 피아노 찬양이 흘러나왔다.

“아무것도 두려워 말라, 겁내지 말라. 주 너를 지키시리니.”

기도하는 가운데 난생 처음 눈에 눈물이 고였다. 그 순간까지 힘든 일을 겪어도 단 한 번도 누구 앞에서 눈물을 보인 적이 없었다. 힘들 때일수록 더욱 나를 몰아세우고, 채찍질하며 부족함을 채우기 바쁜 삶이었다. 오늘의 나는 아직 내가 상상하던 나의 모습과 전혀 달랐고 열등감에 찌들어 있었다. 그리고 휘청거렸다. 새로운 꿈을 향해 도전하고 행동하는 나의 자신감은 늘 불안을 이겨내기 위한 노력이었다. 모든 것을 쏟아내는 기도를 하고 나니 마음이 잔잔해졌다. 암전된 수련회장에서 입 밖으로 내뱉은 나의 진심 어린 고백을 하늘이 들으셨는지, 모든 잡념과 불안이 사라졌다. 비우고 나서야 나의 미래가 보였다. 그리고 눈을 떠 하늘을 보고 물었다.

“주여 나를 사용하소서. 나는 앞으로 무엇을 해야 합니까?”

하늘의 음성을 귀로 들은 것은 아니었지만 그동안 배웠던 예수 그리스도의 삶이 그려졌다. 예수 그리스도의 삶은 참 안타까운 인생이었다.

그는 가난한 목수였다. 그러나 그 시대 가장 많은 영향을 끼친 인물이었다. 제자들에겐 선생이었고 사람들을 치유하는 지도자였다. 그는 모든 사람의 영혼의 집을 짓는 ‘건축가’였다. 그리고 33세가 되던 해 인간의 죄를 씻기 위해 사람들이 보는 앞에서 십자가에

못박혔다. 개신교에서는 하나님을 삼위일체 하나님으로 표현한다. 즉 하나님은 하늘에 계신 하나님이면서, 동시에 육체를 입은 예수 그리스도이고, 십자가 사건 이후 우리 모든 인간 안에 있는 영혼 즉 성령님까지 단 하나의 하나님이다.

나는 나이가 들며 신앙관에 변화를 겪었다. 그러나 여전히 신앙이 내 삶에 유일한 버팀목이라는 믿음은 변함이 없다. 그리고 성경이 우리의 삶에 주는 좋은 교훈이 있음을 확신한다. 세상을 알고 배울수록 인간의 불완전함을 깨닫는다. 나의 모든 노력을 다하더라도 어떤 시기에는 고난을 겪고 무너지고 깨짐을 경험한다. 그것은 일 속에서일 때도 있고, 사람 간의 관계일 때도 있으며, 내 이상과 현실의 차이에서 오는 답답함일 때도 있을 것이다. 그러나 성경은 말한다. 모든 일에는 나의 때가 아닌 하늘의 때가 있다고. 수확하고 성취하는 것만이 인생의 행복이 아니라, 때로는 넘어지고 다투고 불안하고 힘든 고난의 시간을 겪어야 더욱 단단해진다는 인생의 진리를 성경을 통해 배웠다. 그러므로 진리를 통해, 성취에는 나를 도와준 많은 이들에게 감사를 잊지 않는 겸손함이, 힘든 고난의 시기에는 더욱 강한 믿음이 솟아 삶을 놓치지 않겠다는 강한 집념이 생겼다. 항해하는 배는 방향과 중심이 중요하다. 나에게 신앙은 마음의 중심을 지키는 강한 추이자 방향을 제시하는 돛과도 같다.

"다만 이뿐 아니라 우리가 환난 중에도 즐거워하나니 이는 환난은 인내를, 인내는 연단을, 연단은 소망을 이루는 줄 앎이로다. 소망이 부끄럽게 아니함은 우리에게 주신 성령으로 말미암아 하나님의 사랑이 우리 마음에 부은 바 됨이니."(롬 5:3-5)

나는 매번 새로운 도전을 통해 시험을 이겨내는 법을 배워왔다. 새로운 곳에 나를 던졌고, 새로운 문화를 경험하면서 내가 계획한 완벽한 삶을 이뤄내기 위해 치열하게 살아왔다. 그러나 노력을 다 해도 열매를 맺지 못하는 때가 있었다. 그때마다 나는 자신을 원망하고 탓했다. 그러나 이 책을 쓰는 오늘, 이 순간을 돌이켜본다. 만약 내 뜻대로 모든 것이 이루어지고 평탄했다면 지금의 내가 있을까. 내가 유럽의 꿈을 꿀 수 있었을까. 프랑스 그랑제콜 파리 발 드 센 국립건축학교École Nationale d'Architecture Paris Val de Seine에서 유럽의 엘리트들과 함께 교육을 받을 수 있었을까.

명문대학에 진학해 진정한 나의 꿈을 찾을 수 있었을까. 유럽 각국을 돌아다니며 내가 존경하는 건축가들의 작품을 직접 경험할 수 있었을까, 내가 바랐던 오늘의 모습이 될 수 있었을까. 중국에서 아무 탈 없이 공부를 마치고 미국에 있는 대학을 들어갔다면 아마 그 모든 것은 불가능했을 것이다. 내가 믿는 하나님은 만능이 아닌 선별의 하나님이다. 하늘에서 이제껏 내 기도를 모두 들어주셨다면 과연 오늘의 내가 있을까.

르 코르뷔지에의 롱샹 성당에서 드린 간절한 기도, 2018

자신의 가슴의 울림을 듣고, 주체적인 목표를 세우는 5단계

1. 공간의 변화

지금 내가 있는 곳에서 떠난다. 혼자 자신을 성찰할 수 있는 공간을 찾는다(산과 바다, 공원, 절, 교회 기도실, 조용하고 방해받지 않는 곳이라면 어디든 좋다).

2. 관념으로부터의 자유

지금 현실에 닥친 머릿속 모든 숙제와 해야 할 일 등 모든 것을 비운다. 아예 하얗게 백지로 만든다.

3. 자아실현 설계

내가 상상하는 나의 10년 뒤, 내가 되고 싶은 나의 모습을 구체적으로 상상한다.

4. 구조적 디테일 디자인

무슨 일을 하고 있는지, 누구와 함께하는지, 자신이 어떤 모습인지, 어느 곳에 있는지, 어떻게 해나갈 것인지. 이 모든 일이 작은 공동체와 크게는 전 세계에 어떤 영향을 미칠지 그려본다. 꿈은 크고 구체적이고 공동체에 좋은 영향을 끼칠수록 좋다.

5. 목표를 위한 작은 성취 루틴 실천

목표를 세웠다면, 그것을 이미 이뤄낸 사람들의 삶과 그들이 쓴 책과 강연들을 연구한다. 그리고 그들이 이뤄낸 것처럼, 오늘 해야 할 작은 일을 실천으로 옮기고 행동한다.

제4장

유럽 프랑스

유럽 프랑스, 꿈으로의 도약

Europe Itself Is the Embodiment of This Diversity

새로운 길

내를 건너서 숲으로 고개를 넘어서 마을로

어제도 가고 오늘도 갈 나의 길 새로운 길

민들레가 피고 까치가 날고 아가씨가 지나고 바람이 일고

나의 길은 언제나 새로운 길 오늘도…… 내일도……

내를 건너서 숲으로 고개를 넘어서 마을로

- 윤동주

나는 어린 나이에 남들과 다른 '완벽한 삶'을 만들고자 미국과 중국에서 생활했다. 또래 학생들이 가진 고민과는 전혀 다른 고민을 하며 보내온 성장기였다. 같은 시간의 흐름 속에서 전혀 다른 공간을 경험하고, 굳이 마주하지 않아도 되는 상황에 도전한 것은 분명 먼 훗날 이유와 목적이 있으리라는 믿음 때문이었다. 나는 뜨거운 열정으로 떠났던 도전의 여정에서 급격한 변화를 겪으며 성장했고, 불안정한 일상 속에서 외로운 방황의 시간을 보내기도 했다. 나는 이 시간 동안 나의 삶의 주체가 되어 원칙을 세우고, 목표를 이뤄도 안주하지 않고 새로운 목표를 세우고 도달하기 위해 최선을 다해 왔다. 나는 또 새로운 삶의 그림을 그린다. 북아메리카와 아시아 대륙을 넘어, 한 번도 경험해보지 못한 유럽연합으로 나의 경험의 폭

을 더욱 넓히는 것이다. 나는 많은 유럽 국가 중 문화예술의 중심지이자 자유와 평등의 시민 혁명을 이룬 국가 프랑스에서 건축을 배우기로 결정했다. 건축학은 세상을 보는 매우 포괄적인 시점을 지닌 학문이다. 건축은 인류의 발전과 늘 함께했다. 역사의 흐름 속에서 가장 많은 돈과 인력이 투자되는 건축은 인문학, 철학, 예술과 공학을 어우르는 매우 합리적이며 아름다운 학문이다. 하나의 예술 작품이자 사람의 삶을 담는 그릇인 건축물을 디자인하는 건축가는 내가 잘할 수 있고 동시에 나에게 가장 잘 어울리는 옷이었다.

건축계에서 건축의 노벨상으로 불리는 프리츠커 건축상Pritzker Architecture Prize이 있다. 일본은 무려 8명 이상 수상자를 배출했지만, 아직까지 대한민국 건축가는 한 명도 없다. 해방 직후 산업화와 민주화를 이루고 4차 산업혁명으로 나아가는 대한민국에서 건축에 대한 인식은 여전히 부동산에 매여 있다. 서울시 총괄 건축가 승효상 선생의 말에 따르면 '건축은 소유하는 것이 아니라 사용하는 공공재'라 했다. 건축은 부동산으로서의 자산이 아닌 한 국가의 문화수준을 보여주는 공공재라는 것을 이제는 인식을 넘어 결과로 증명해내야 할 시기가 왔다고 생각한다. 2022년 통계에 따르면, 우리나라의 GDP 순위는 세계에서 10위이다. 그리고 작년 7월, 대한민국은 유엔무역개발회의UNCTAD에서 개도국으로 분류된 지 57년 만에 선진국 반열에 올랐다. 대한민국은 짧은 시간 안에 놀라운 경제성장과 민주화를 이뤘다. 여전히 해결되지 않은 국가 전체의 문제와 개선되어야 할 점들이 많지만, 작은 땅덩어리의 분단 국가가 이뤄낸 놀라운 쾌거는 위대한 역사라고 볼 수 있다. 그러나 나의 성장기처럼 놀라운 성장에는 반드시 성장통이 따르기 마련이다. 놀라운 경쟁력을 갖추기 위한 희생은 컸다. OECD 국가 37개국 중 국민 행복 지수가 35위라는 통계를 통해 알 수 있듯이, 꼭 높은 수준의 경제력이 개개인의 행복을 책임지지는 않는다. 나는 윗세대가 이뤄낸 경제화와 민주화 다음으로 우리 세대가 이뤄내야 할 숙제는 '문화화'라고 생각한다. 김구 선생의 《백범일지》에는 "오직 한없이 가지고 싶은 것은 높은 문화의 힘이다. 문화의 힘은 우리 자신을 행복되게 하고 나아가서 남에게 행복을 주기 때문이다"라는 말이 있다. 지금의 대한민국은 작은 파이를 경쟁 구도로 나눠먹는 제로섬 게임이 아닌 자신을 행복하게 하고 남에게 행복을 주는 문화강국으로 가는 단계에 있다고 생각한다.

그 흐름을 선도하는 것이 건축가의 역할 아닐까. 현 대한민국에서는 여전히 값싸고 빠른 20세기 근대 건축의 형태를 구현하는 '생계형 건축가'들이 많다. 지금까지는 작은 땅덩어리에서 건축을 하나의 부동산으로 생각하고 자산을 증식시키기 위한 수단으로 건물을 짓기 급급했다면, 이제는 선진국 반열에 오른 대한민국에 큰 전환의 시기가 왔다고 생각한다. 물론 생계를 위해 돈을 버는 일은 숭고하다. 자신의 꿈을 붙잡고 건축을 해온 선배 건축가들이 지금 우리나라 도시의 풍경을 지은 것은 사실이다. 대한민국의 현실에도 불구하고 자신만의 철학으로 높은 수준의 건축을 위해 좁은 길을 걸어온 훌륭한 건축가들도 있다. 우리가 전문의에게 우리 몸에 대한 치료를 믿고 맡기는 것처럼, 인간의 삶을 고찰하고 공간을 통해 한 개인의 100년의 삶을 변화시키는 건축가에게는 남다른 책임감이 따른다.

우리나라의 의료는 미국, 영국과 비교할 수 없을 정도의 복지

수준을 갖추고 있다. 그러나 인간의 삶을 디자인하는 건축가에게 당장 싸고 빠르게 지을 수 있다는 이유로 계속 이러한 디자인을 반복하도록 요구하는 것은 잠깐의 고통을 덜기 위해 의사에게 진통제를 달라고 요구하는 것과 같다. 진통제는 제대로 된 치료가 아니라, 말 그대로 진통을 잠시 무감각하게 해주는 임시 치료제이다. 나는 훌륭한 건축가가 많은 나라가 국민의 문화와 삶의 질을 높인다고 생각한다. 건축은 설계하고 완공되는 한두 해로 끝나는 것이 아니라, 그 공간이 지어지는 순간부터 앞으로 그 공간에 있게 될 사람들의 100년의 삶을 변화시킨다. 더 나아가 소명을 가진 창작자들이 지은 건축물은 다음 세대에게 전 세대를 이해할 수 있는 문화유산으로 남게 된다. 우리는 20세기 근대화 건축이 만들어놓은 도시에서 과도해진 경쟁 구도와 제로섬 게임이 되어버린 사회를 경험했다. 이제 질적 변화가 필요하다고 생각한다. 한 시대의 문화, 삶의 질, 한 개인의 행복은 공간의 변화에서부터 시작된다.

2013년도 여름, 나는 세계적인 건축가가 되겠다는 꿈을 품고 선진국이 모여 있는 유럽으로 떠났다. 그곳에서 높은 수준의 건축이 어우러져 있는 도시 속 유럽인들의 삶을 연구해보기로 했다. 세계 강대국인 미국과 중국을 경험하면서, 새로운 공간에 살기 시작할 때마다 나는 외부인으로서가 아니라 그 공간에 살아가는 사람들과 함께 생활하면서 그들의 일상을 마주했다. 일상에는 기본적으로 의식주와 아이들의 교육이 있다. 교육을 받고 자란 아이들, 기술과 산업, 정치와 경제 등 모든 것들이 거미줄처럼 연결되어 상호작용하며 하나의 문화 공동체를 이룬다. 나는 '어떻게 이런 일상 속에서 이런 생각을 하며 살 수 있을까', '왜 같은 시대를 사는데 사람들의 생각과 삶의 형태가 이렇게 다를 수 있을까'를 고민하기 시작했다. 그리고 더 나아가 어떻게 하면 우리나라도 그러한 일상을 누릴 수 있을지에 대한 꿈을 품고, 문화강국이 될 대한민국을 그리며 프랑스행을 결정했다.

나는 개인이 자유로울 수 있는 폭이 넓은 사회야말로 행복한 공동체라고 생각한다. '완벽한 삶'을 영위하고자 달려 왔던 나는 아이러니하게도 인간은 완벽할 수 없는 존재라는 것을 깨달았다. 그럼에도 불구하고 오늘까지 이 삶을 추구하고자 하는 것은 어제보다 나은 나를 바라는 나의 희망이 아닐지. 만약 단 하루만 살 수 있다는 통보를 받는다면 어떤 하루를 보내고 싶은가?

나는 오늘 이 시간, 내게 주어진 하루를 어떤 곳에 도달하고자 하는 '개척자 정신'과 그것을 이루기 위해 세워야 할 '핵심 원칙'이라는 가치와 더불어, 보다 높은 수준의 인간의 삶, '인간의 존엄성'을 지키는 아름다운 삶을 살고 싶다. 결국 가시적인 성공의 기준인 돈, 명예, 쾌락은 인간다운 삶을 살기 위한 하나의 도구일 뿐이다. 동물과는 다른 인간이 추구해야 할 가장 중요한 가치는 '인간의 존엄성'이라고 생각한다. 나의 삶을 스스로 존중하고 모두가 서로 존중받을 수 있는 사회에 대한 깊은 고찰이야말로 건축가로서 반드시 갖춰야 할 자질이다. 건축가의 가치관, 경제관, 사회관, 정치관, 문화 세계관은 곧 삶을 디자인하는 건축가의 글과 창작품에 투영된다. 프랑스로 떠났을 때 내 나이는 열여덟, 그 순간은 내가 바라는 나와 나를 둘러싼 사물, 사람들과의 관계 그리고 이 세상 모든 것에 대한 이해를 더욱 선명하게 할 변곡점이 되었다.

저녁이 있는 도시, 리옹

One Day Is a Small Life

"길이 끝나면 거기 새로운 길이 열린다. 한쪽 문이 닫히면 다른 문이 열린다. 다시, 희망의 시작이다."

- 박노해

긴 겨울이 지나고, 봄이 왔다. 겨울은 나에게 정산의 해이다. 힘든 한 해를 겪고 새로운 꽃을 피우기 위해서는 반드시 정산이 필요하다. 잘 입지 않는 옷을 버리고, 다 읽은 책들은 손이 닿지 않는 곳에 정리했다. 그동안의 나의 경험과 생각들을 정리해 책장에 꽂아놓고, 새 다이어리를 폈다. 다이어리 속 빈 공간은 채울 것으로 가득했다. 앞으로 이루고자 하는 것들을 적다 보니 나의 가치들이 하나씩 정리되어 가며 이루고자 하는 목표도 점차 명확해졌다. 10대 때 계획했던 모든 일들이 이루어지는 경험을 한 나는 나의 20대 버킷리스트를 적었다. 오랜만에 느껴보는 설레는 감정이었다. 내가 적는 일은 모두 현실이 되었기에, 미래를 적는 일에 더욱 심혈을 기울였다. 단순히 일로서의 계획뿐 아니라 삶에서 꼭 경험해보고자 하는 것들을 적어 내렸다. 프랑스 안시 호수에서 카누를 타고 샤모니에서 패러글라이딩을 하며 눈 덮인 알프스를 바라보는 것부터, 유럽 곳곳을 여행하며 문화 역사적 산물을 체험하는 것으로 빈 다이어리를 채웠다. 뿐만 아니라 세계적인 지성인과 건축가들을 만나고 프랑스 파리의 유럽 엘리트들과 함께 건축 프로젝트를 설계하며 나의 계획안을 전시하는 모습 하나하나가 생생하게 그려졌다. 삶은 살아 숨쉬는 것이고 새로운 사람들과의 만남이며, 오늘 나의 생각을 행동으로 만드는 것이다. 나는 프랑스 파리에서 건축을 공부하기 전, 파리가 아닌 다른 도시를 경험하기 위해 프랑스 제2의 도시 리옹으로 떠났다.

파리에서 테제베(TGV, 프랑스 초고속 전철)로 대략 2시간이 걸려 도착한 리옹은 아름다웠다. 길거리의 사람들은 여유로워 보였다. 어마어마하게 빠르게 작동하는 대한민국과 달리, 리옹은 느린 시간을 걷는 것처럼 보였다. 시간이 느려지니 도시의 모습들이 영화의 한 장면처럼 보였다. 론 강과 손 강이 양쪽으로 사이좋게 흐르고 내가 하숙할 집은 그 두 강이 만나는 지점인 콩플루엔스에 있었다. 하숙하는 집은 리옹 옛 주택을 개조한 3층 복층 주택이었고, 1층에 내가 머무를 아늑한 방이 있었다. 가족들은 나를 반갑게 맞아줬다.

"봉주르, 문. 우리 집에 온 걸 환영해."

큰 키에 건축가 렘 콜하스Rem Koolhass를 닮은 하숙집 아버님이 내게 악수를 건넸다.

"반갑습니다, 앞으로 머무를 동안 잘 부탁드리겠습니다."

나는 반갑게 맞아주시는 아버님께 연습해온 불어로 대답을 건넸다. 유치원생 두 아이와 산업디자이너인 어머님, 요리와 영화를 사랑하는 아버님을 새로운 가족을 만나게 되었다. 프랑스는 저녁 식사를 무척 오래 하는 식문화이다. 우리가 양식 레스토랑에서 먹는 식전빵과 식전주, 샐러드, 메인 음식과 디저트, 그 후 포도주를 곁들여 대화하는 시간을 가지며 매일 가족 모두 함께 식사하는 것이 당연했다. 저녁 식사 시간이 긴 덕분에 가끔 퇴근이 늦은 하숙집 어머니와도 늦게나마 식사를 함께하곤 했다. 가족들과 거의 3시간 정도를 함께 먹고 대화하는 식문화는 나에게 좀 낯설었다.

아버지는 어렸을 때부터, 우리 가족 각자의 일과 다양성을 존중하자고 하셨다. 아마도 늦은 나이에 교수가 되신 어머니의 바쁜 일정과 아버지가 계획하는 사업, 그리고 일찍 홀로 유학을 나간 나 때문에 자연스레 생긴 우리 가족의 문화 같다. 그래서인지 한국에서 가족들이 다 함께 식사하는 일은 주말에 예배를 마친 뒤나 명절, 생일 정도였다. 프랑스에서는 거의 모든 바Bar와 레스토랑이 저녁 10시 이후 문을 닫는다. 회사에 다니는 사람도 야근은 거의 상상할 수 없는 일이다. 아마 이런 이유 덕분인지 그들은 가족들과 함께 오래 식사하는 것이 익숙해 보였다. 처음엔 어색했지만 리옹에서 보내는 시간이 길어질수록 나는 하숙집 아저씨와 대화하는 시간이 기다려졌다. 우리는 매일 깊은 토론과 대화를 했다. 처음엔 어학원에서 배운 프랑스어를 아저씨께 사용하는 정도였지만, 시간이 지날수록 아저씨와 함께 정치, 경제, 사회, 문화, 역사 등 다양한 분야에 대해 대화할 수 있었다. 세상에 대해 많은 것을 알고 계신 아저씨와 이래저래 대화를 하다 보니 어느새 어학원에서 하는 모든 수업이 쉬워지고, 리옹에서 지낸 지 3개월 만에 A2반에서 B2 반으로 월반하게 되었다.

다국어를 배우다 보면 새로운 언어를 배우는 기술이 생긴다. 무엇보다 언어를 배우는 일의 장점은 많이 읽고 많이 알게 된다는 것이다. 언어는 크게 듣고, 읽고, 쓰고, 말하는 4개의 영역으로 나누어진다. 새로운 언어를 들을 수 있는 환경에 놓이면 들은 대로 말하게 된다. 말하기 위해 문장을 조합하고 만들어 쓴다. 자신이 쓴 문장의 문법이나 문맥이 이상하지 않은지 점검하기 위해 그 문장을 읽는다. 말하는 언어가 같은 사람끼리는 쉽게 친근감을 느낀다. 그리고 친할수록 더욱 서로에 대해 공유하게 되고, 어느 순간 친한 사람처럼 말하는 나를 발견한다. 이래서 언어를 배울 때 가장 중요한 두 가지는 그 언어를 사용하는 환경과 함께하는 사람이다. 배우고자 하는 언어를 잘하는 한 사람과 친해지고, 최대한 다양한 분야의 대화를 하다 보면 필연적으로 많은 단어를 사용하게 된다. 그 언어 체계를 글로 적고 정리하면서 어휘 능력과 수준이 향상된다. 나는 이런 방법을 통해 열여덟 살에 4개 국어를 구사하는 사람이 되었다.

이때가 내가 본격적으로 책을 좋아하게 된 시점이다. 나는 미래의 나란 곧 오늘 읽는 책과 오늘 만나는 사람이라는 것을 깨달았다. 한 언어를 구사하기 위해 환경과 사람을 바꾸는 것처럼, 내가 바라는 이상적인 미래에 도달하기 위해서도 같은 노력이 필요하다는 것을 느꼈다. 삼성의 고 이건희 회장은 '마누라와 자식 빼고 모든 것을 바꿔라'라고 말했다. 나의 변화와 성장은 나의 공간을 변화시키는 데에서부터 시작됐다. 공간의 변화는 내가 만나는 사람의 변화이며, 곧 나의 변화이다. 공간을 변화시킬 수 없다면 내가 읽는 책을 바꾸는 것으로 삶에 큰 변화를 줄 수 있다. 내가 되고 싶은 사람을 직접 만날 수는 없어도 그 사람에 관한 책을 통해 간접적으로 만날 수 있다. 더 이상 이 땅에 없는 역사 속 인물도 책이라는 생각의 공간을 통해 시간과 공간을 초월해 만날 수 있다. 나는 변화하는 환경을 통해 4개 국어를 구사하게 되었다.

이제는 내가 바라는 미래의 내가 되기 위해 오늘의 나를 변화시키려 한다. 그동안 교과서 위주로 공부했던 나는, 책을 통해 바라는 내가 되기 위한 방법을 구체화시키고 행동으로 옮기며 변화하기 시작했다. 나는 책과 사랑에 빠졌다. 책은 나를 더욱 알게 하고 내가 몰랐던 이 세상을 더욱 선명하게 볼 수 있게 했다.

역사의 흐름 속 나의 존재에 대해

History Is Not Was, It Is

"낡은 지도로는 새로운 세상을 탐험할 수 없다."

- 알베르트 아인슈타인

철학이 깊이 뿌리내린 프랑스에서 나는 프랑스 문학과 책을 사랑하게 되었다. 리옹에서 유학하는 내내 매 달 적어도 서너 권의 책을 읽으며 나에겐 작은 습관이 생겼다. 매일 스스로 3가지 질문을 하고 거기에 답하는 것이다. 첫 질문은 신앙에 기초한 교육에 익숙해진 나를 새로운 세상으로 꺼내고 세계를 더욱 명확히 보게 할 질문들로 시작했다. 가장 본질적인 인간의 존재에 대한 물음인 철학과 인간이 지금까지 살아온 기록인 세계사를 읽기 시작했다. 나는 누구인가, 나는 어디로부터 왔으며, 어디로 향하는가. 내가 사는 현재를 더욱 명확히 보고 새 역사를 쓰기 위해선, 오늘날이 있기까지의 인류 전체의 역사와 인간의 본질에 대한 학문인 철학을 공부해야 했다.

개신교 집안에서 태어나 기독교 성서의 세계관 교육을 받았던 나는 신이 모든 만물을 창조하고 인간을 자신의 형상대로 지었다고 믿어 왔다. 반면, 중세 기독교 중심 사회에서 벗어나 근대 이성의 중요성을 강조하는 과학자들은 근세부터 가설과 연구를 통해 인간은 스스로 진화해 왔다고 주장한다. 포스트 모더니즘 현대 사회 속 어떠한 방식으로 인간이 창조되었는지를 믿는 것은 개인이 가진 종교와 가치관에 따라 차이가 있지만, 최초 문명의 시작점인 메소포타미아나 고대 이집트 로마 지역의 서구 문화 사상을 알기 위해서는 종교를 믿든 그렇지 않든 그리스도교를 이해해야 한다.

역사는 0년을 기준으로 현 2022년까지 흐르고 있다. 0년은 BCBefore Christ와 ADAnno Domini, the Year of Our Lord라는 예수 탄생을 기준으로 구분된다. 0년부터 고대, 중세, 근현대에 이르기까지 시대가 변화하며 오늘날이 되었다. 시대마다 사회 제도를 부르는 명칭과 산업 형태에도 변화가 있었다. 크게는 3가지의 시대로 나눌 수 있다. 첫째는 고대 노예제 사회, 둘째는 중세 봉건제 사회, 마지막으로 산업혁명 이후 근현대의 자본주의 사회까지다. 고대부터 오늘날까지 역사적으로 보면, 제도의 명칭과 방법에는 차이가 있지만 거시적으로는 삶의 형식과 사람들의 생활이 편리해졌을 뿐 전체의 구조적 변화는 거의 없어 보인다.

시대가 변화할 때마다 계급은 더욱 세분화되었고 개인의 삶은 좀 더 편리해졌으나, 여전히 사회에는 갈등과 문제가 존재한다. 그럼에도 인류는 조금씩 발전해 왔다. 인간의 자유를 위한 간절한 염원이야말로 시대가 변화하며 인간이 점차 인간다운 삶을 살 수 있게 한 원동력이 아닐까. 오늘날 디지털 미디어 사회 속에서 우리는 각자가 믿는 정치와 종교적 이념, 각자의 가치관과 사상을 표현하는 것에 아무런 제한을 받지 않는다. 다양한 삶이 병존하며 하나의 진리로서 무엇이 옳다 그르다 규정하기 어려운 사회에 다다라 있다. 더군다나 타지에서 나의 뿌리 대한민국을 바라볼 때마다 대한민국은 진리와 행복, 공공선에 관한 희구보다는 자신의 이념을 밀어붙이기 위해 투쟁하며 자신의 이익을 위해 모두가 경쟁자가 되는 치열한 경쟁 속에 살아가는 것 같아 보여, 나는 늘 빚진 마음이 있었다.

이러한 역사의 흐름 속에 나라는 '존재'는 누구이고 무엇을 해야 하며 무엇을 남길 수 있을까 스스로 묻고 또 물었다. 프랑스는 이러한 다양한 삶의 관점을 나누는 일이 자유로운 나라였다. 한국에서 이야기하면 '무슨 밥 먹는데, 그런 소리를 해'라고 할 만한 종교, 정치, 철학과 같은 대화 주제가 이곳에선 처음 만난 누군가와 나누더라도 자연스러웠다. 각자 자기 삶의 행복에 대한 정의가 달랐으며 감정적이고 소모적인 분쟁이 아닌 다른 생각을 공유하는 창의적 대화가 가능했다.

나는 이러한 창의적이고 지적인 대화의 즐거움을 느꼈다. 나와 다른 누군가를 만나 나와 다른 생각을 가진 이와 충돌할 때 새로운 창의적 답안이 나오곤 했다. 나는 이 점에서 프랑스의 긴 저녁 식문화가 매우 소중하다고 느꼈다. 나는 프랑스 리옹에서 불어학을 수학하고 그 문화 속에서 단순히 불어를 배우는 것 이상으로 책을 통해 더욱 선명하게 나만의 세계를 그리고 있었다. 그리고 단순히 나만의 세계에 갇혀 사고하는 데 그치지 않고 내 생각을 공유하고 자유롭게 나눌 수 있었다. 프랑스의 저녁 식사 시간에 다양한 의견을 나누고 공유하는 동안 나는 국적과 피부색이 전혀 다른 한 인간으로서, 때론 공통분모를 찾기도 하고 전혀 다른 생각의 충돌을 통해 배우고 새로운 관점으로 생각할 수 있게 되었다. 나는 프랑스의 일반 시민들이 지닌 깨어 있는 생각의 힘과 공유의 문화가 프랑스의 고유한 문화적 국력이 아닐까 생각한다.

프랑스 철학자 데카르트René Descartes의 '나는 생각한다. 고로 존재한다'는 말처럼, 오늘날까지의 긴 역사의 흐름 속에서 나는 내 생각을 통해 나의 존재성을 갖게 됐다. 답답한 알을 깨고 막 태어난 병아리가 된 기분이었다. 지금까지처럼 오로지 명성 높은 대학을 들어가야 한다는 목적 달성을 위해 공부하는 것을 넘어, 이 세상과 나 자신을 이해하고 내 생각으로 그린 이상적 세계관과 가치를 행동으로 옮기는 삶을 살기 시작했다. 내가 만난 프랑스인들은 모두 자신만의 행복해지는 법을 알고 있었다. 그들은 사회적 경력을 쌓는 일보다 오늘 하루의 행복과 함께하는 이들의 행복이 자신의 삶을 행복하게 한다고 믿고 있었다.

대한민국 문화에서 자라온 나는 경쟁 사회 속 학벌과 사회적 지위, 돈의 중요성에 젖어 오늘까지도 그것을 좇고 있는 나를 완전히 부정할 수 없다. 그러나 모든 물질적 조건은 성과 중 하나일 뿐 궁극적인 목표가 아니었다. 인간의 대표적인 욕망인 돈과 높은 사회적 지위도 결국, 행복하기 위해서가 아닌가. 나라는 존재는 생각하고 그 생각은 행동이 된다. 행복하고자 하는 생각이 오늘의 행복을 누릴 수 있게 한다. 나의 궁극적인 행복은 나의 자아실현과 내가 사랑하는 사람들의 행복, 내가 속한 공동체의 행복이다. 그 목표를 위해 오늘도 나의 이상을 좇아 최선을 다하고 있지만, 정작 오늘 하루의 행복을 놓치고 있지 않은가 스스로 되묻고는 한다. 미국과 중국,

프랑스에 걸친 공간의 변화를 통해 10대의 나는 도전과 열정의 삶을 살았다. 그 속에서도 변하지 않는 나만의 신념이 생겼다. 나는 앞으로 다가올 나의 삶을 더욱더 아름답게 살고 싶다. 나는 나의 삶을 사랑한다. 내게 주어진 소중한 삶은 다른 모두에게도 소중한 삶이라 생각한다. 우리가 살아가는 역사의 흐름 속에서 우리 영혼의 한계가 공간과 시스템의 제약에 갇힌다는 느낌을 받을 때, 우리가 나 자신을 위해 지켜야 하는 것은 매 순간 깨어 있기 위한 '생각의 힘'이다.

파리 포트폴리오

A Goal without a Plan Is Just a Wish

"계획 없는 목표는 한낱 꿈에 불과하다."

- 생텍쥐페리

2014년 4월, 나는 프랑스 문학을 통해 나 자신만의 삶의 철학을 그려가고 있었다. 나의 모든 행동에 반드시 이유를 붙였다. 내가 선택한 일에는 보다 큰 비전과 열정을, 관계 맺는 사람에겐 예수의 마음으로 사랑을, 삶에 지치지 않기 위해 즐길 수 있는 건강한 놀이를, 그리고 공동체가 행복하기 위한 정의로운 법과 제도를 공부하며 삶을 더욱 세분화시켜 구체적으로 정리해 나갔다.

리옹에 간 지 9개월 즈음 되었을 때, 나는 파리 국립 건축학교에 원서를 넣기 위한 첫 자격인 프랑스 어학 능력을 갖추었다. 대학 입시를 2년 앞두고 뒤늦게 준비하던 나에게 단비 같은 성과였다. 프랑스어 책을 읽는 습관과 하숙집 아저씨와의 대화가 아니었다면, 1년 전까지만 해도 상상할 수 없었을 결과였다. 어학 다음으로 중요한 과제는 건축 포트폴리오였다. 나는 건축 설계를 전문적으로 배워본 적이 없었다. 그러나 어렸을 때부터 새로운 것을 창작하는 일을 좋아했다. 텍스트를 암기하고 답을 내는 것보다 제3의 답안을 찾는 일에 묘한 성취감을 느끼곤 했다. 또한 새로운 공간, 사람, 풍경을 머릿속에 저장하는 사진 기억술Photographic Memory을 통해 머릿속 장면을 손으로 그려나가는 것을 취미로 즐겼다. 중고등 교과과정에서도 굳이 노력하지 않아도 미술과 수학, 지리과학과 물리 과목에서 좋은 성적을 냈다. 그렇게 잘하는 과목을 조합해 내게 맞는 일을 찾고 건축가가 되려고 마음을 먹었지만, 건축 설계에 대해선 여전히 막연했다.

나는 더욱 높은 수준의 포트폴리오를 만들기 위해 세계적인 건축가들의 20대를 연구했다. 프리츠커상을 받은 세계적인 건축가들의 20대의 삶을 통해 배운 것은 그들 모두 자신만의 철학이 있었다는 점이다. 인류와 환경을 위해 공헌한 건축가에게 수여되는 프리츠커상을 수상한 건축가들은 모두 자신만의 건축관이 있었다. 어떤 건축가는 친환경적인 건축 기술과 재료를 사용했고, 또 다른 건축가는 죽어가는 빈곤층 사회를 살리는 사회적 건축을 통해 상을 받았다.

건축엔 정답이 없다. 건축이 품은 다양성과 사회적인 역할을 자신만의 세계로 구축한 건축가가 그 세계를 물리적인 형태나 공간으로 실현하는 것이 건축이다. 그런데 건축물은 단순히 예술 작품이 아닌 사람이 살아가는 공간이기에, 건축 설계는 기능적 형태와 기술적 합리성을 요구한다. 단순히 기계로서의 건축을 넘어 궁극적으로 오늘을 살아가는 사람과 사회를 연구하고 사람 간의 관계를 조성하며, 사회 도시망과 자연을 이어주는 역할이 크다. 창작을 통해 현대사회 가운데 창조적 혼돈을 부여해 활력을 불어넣기도 하며, 복잡한 자연과 인간 생태계 속 문제를 풀거나 그 관계망을 조화롭게 이어주는 것이 건축이다.

사람이 태어나고 생활하는 집, 교육을 받는 학교, 일하는 일터와 예배를 드리는 예배소, 성당, 절 모두가 건축이다. 가족, 연인과 함께 시간을 보내는 도심 속 공원, 카페, 영화관 모두 건축이다. 건축에는 반드시 땅이 필요하다. 땅 위에 지어진 작은 동네부터 큰 도심 속 아파트와 빌딩, 관공서, 병원, 은행, 상업 공간 모두가 건축이다. 그렇기에 건축은 모든 것을 내포한다. 이 모든 것은 건축가가 세상 모든 것에 관심을 가져야 한다는 의미다. 미국과 중국, 프랑스에 살면서 다양한 건축, 인간의 삶과 문화 형태를 봐왔다. 그동안의 여정을 통해 봤던 세계의 건축물과 도시 속 각양각색의 경험이 포트폴리오를 준비하는 내게 소중한 자산이 되었다.

파리 국립 건축대학 포트폴리오 사이트는 나의 고향이자 시작점인 서울로 정했다. 포트폴리오에는 서로 다른 성격을 가진 5개의 프로젝트와 자화상, 스케치, 판화 등 손으로 표현할 수 있는 것들을 모두 담았다. 다섯 가지의 건축 프로젝트의 프로그램 또한 각자 다른 시나리오를 부여했다. 영화인을 위한 주택, 한강공원 속 시민을 위한 수영장, 강남 사거리의 필로티(건물을 지상에서 분리시킴으로써 만들어지는 공간 또는 그 기둥 부분)로 띄운 문화 공간, 남산의 파빌리온 전시관, 자연과 하나된 빌라로 각 프로그램을 구성했다.

2015년도 파리 그랑제콜 국립 건축학교에 지원하기 위한 첫 포트폴리오는 건축의 지속 가능성을 자연을 통해 해결하고자 했던 유럽 현대 건축계의 흐름 속 생태 건축에 중심을 두었다. 자연

속 물, 바람, 재활용품을 활용한 파사드(건축물의 주된 출입구가 있는 정면부), 빛과 자연 에너지를 각 프로젝트에 적용시켰다. 건축 설계는 처음이었기에 재료와 형태에 제한을 두지 않고 자유로운 형태와 프로그램의 색을 있는 그대로 보여주는 공간들을 설계했다. 각 프로젝트가 꼭 가져야 할 기능적 요구만 충족시키고, 그 외에는 어떤 규제도 두지 않고 최대한 자유롭게 상상의 공간을 있는 그대로 설계했다. 파리에서 건축학을 졸업한 지금, 이때의 프로젝트를 보면 고쳐야 할 것들이 많은 허점투성이 작품이지만 많은 건축적 장치를 넣고자 했던 노력과 공간적 창의성은 꼭 설계를 오래 한다고 성장하는 것은 아닌 듯하다. 나는 설계를 시작하면 한 자리에서 내리 7~8시간을 보내곤 했다. 밥을 먹거나 화장실을 가야 하는 경우가 아니라면 끊임없이 더 좋은 결과를 위해 책상을 떠나지 않았다. 그렇게 원하는 결과의 70% 정도에 도달했다 싶으면 새벽 4~5시가 되는 것은 다반사였다. 무엇보다 한 작품이 끝나고 그곳에 스케일에 맞는 사람의 모형을 배치하면 그 뿌듯함은 말로 표현할 수 없었다. 나는 건축을 점점 사랑하게 됐다. 단순한 형태를 디자인하는 일이지만, 공간의 경험을 통해 비로소 그 안에 담긴 이야기와 건축가의 철학을 느끼게 될 때 말로 다 할 수 없는 예술의 가치를 배웠다. 공간이 지어진 뒤 그곳을 사용할 사람들의 새로운 이야기, 그 공간이 도시와 자연에 불어넣는 활기와 생명력은 도시 전체를 발전시키는 혁신이 된다.

모든 프로젝트는 땅과 건축가의 생각으로부터 출발한다. 건축가의 비전과 무한한 상상력은 위대한 자연에 선을 그으면서 시작된다. 선은 면이 되고 면은 3차원의 공간으로 구현된다. 형태는 필요에 따라 기하학적이기도 하고 비정형 곡선을 띠기도 한다. 때로는 상상 이상의 기술력을 통해 지금까지 없던 형태의 낯선 공간을 구현해 창의성과 활력을 불어넣기도 하고, 때론 소소한 일상을 아름답게 채우는 역할을 하기도 한다. 건축을 배우며 나는 점점 세상을 건축가의 시선으로 바라보고 있었다. 인간의 삶을 짓는 세계의 기획자이며 동시에 그곳에 함께 살아갈 시민이라는 중첩점에서 가장 이상적인 인간 사회를 구상하는 일은 매우 힘들지만, 그만큼 보람과 의미가 있는 일이었다.

사람은 나이가 들고 한곳에 머무르는 시간이 길어질수록, 안주하고 자신만의 세계에 갇히며 창의적인 생각과 활동을 하기 어려워진다고 한다. 그러나 건축가는 매번 새로운 공간을 짓는다. 새로운 프로젝트를 통해 혁신적인 아이디어로 세상을 조금씩 변화시키는 건축은 나를 깨우고 인류에 대한 관심을 북돋는다. 그렇기에 건축은 내가 한시도 놓을 수 없는 나의 일이자 희망이다. 변할 수 없고 이 땅에 소망이 없다고 믿는 이에겐 새로운 유토피아를 제공하고, 반대로 과거의 유토피아를 꿈꿨던 도시가 해결하지 못한 디스토피아 같은 현재에 새로운 담론을 모색할 수도 있다. 내가 파리 포트폴리오를 준비하면서 배운 이상적 사회를 그린 상상력과 현실적 아픔을 직시하는 객관성은 건축뿐 아니라 나의 삶에서 음과 양의 중심인 균형이 되었다. 그것은 오늘도 설계의 이상을 구현하지 못하는 나 자신과의 투쟁이며, 현실 속 너무 많은 아픔과 문제를 볼 때도 희망을 놓지 않는 신념과 같다. 포트폴리오를 완성하고 모든 서류를 파리에 있는 국립 건축학교에 보냈다. 서류를 보내고 잠깐 휴식을 취하고자 한국에 돌아왔다. 새벽 기도를 마치고 집으로 돌아오는 버스에서 스마트폰에 이메일 알림이 울렸다.

“안녕하세요, 손문. 2015년도 프랑스 그랑제콜 파리 발 드센 국립 건축학교 학생이 된 걸 축하드립니다.”

버스에서 알림을 본 순간, 그동안의 미국, 중국, 프랑스에서 내가 고민하고 기도했던 모든 밤들이 머리를 스쳐지나가며 마음이 뭉클해졌다. 버스에서 내리자마자, 벅찬 마음을 주체하지 못하고 전속력으로 집을 향해 달려갔다.

“아버지 어머니! 저 그랑제콜 파리 발 드센 국립 건축학교에 합격했습니다!”

아버지는 모두 다 잘될 것을 알고 있었다는 듯 미소를 띠며 묵묵히 나를 안아주셨다. 평소 표현이 많지 않으시던 어머니의 얼굴에도 웃음꽃이 피었다. 주체적으로 삶의 결정을 내리고 담대히 떠났던 장남이지만 내심 걱정하셨던 부모님에게 안심을 가져다준 것 같아 뿌듯했다. 내 방에 들어와 눈을 감고 기도드렸다.

“주님, 감사합니다. 제게 허락하신 이 길에 최선을 다하고, 지금과 같이 겸손한 마음 변치 않고 이 세상을 이롭게 할 훌륭한 건축가가 되겠습니다.”

한국에 있는 친구들과 프랑스에서 어학 공부를 같이 했던 형들과 기쁜 소식을 나눴다. 그날 저녁 다 함께 모여 축하 파티를 했다.

그동안 내가 홀로 유학을 하며 분투해 왔던 과정을 누구보다 잘 아는 친구들은 나보다 더 들떠서 축하해줬다.

"역시 너는 해낼 줄 알았어, 문아 자랑스럽다."
"될놈될(될놈은 된다라는 신조어)이란 말이 맞나보다, 멋지다 문!"

친구끼리 잘 하지 않는 낯간지러운 칭찬이었지만, 이 날만큼은 모든 것이 용납됐다. 사막의 한가운데 홀로 좁은 길을 걸어온 내게 오아시스와 같은 순간이었다. 합격한 그날 밤은 근현대 건축의 시작점인 프랑스에서 세계적인 건축가 르 코르뷔지에Le Corbusier의 건축을 배우고 현대 거장들의 작품을 볼 마음에 가슴이 두근거려 잠이 오지 않았다. 새벽 2시, 나는 거실로 걸어나왔다.

모두가 잠든 새벽, 스탠드를 조심스럽게 켜고 다이어리를 폈다. 건축학교에 들어가기 전까지 남은 시간을 위해 계획했던 버킷리스트를 돌아봤다. 프랑스 안시 호수에서 카누를 타고, 스위스 샤모니에서 패러글라이딩을 하기 위해 당장 표를 샀다. 큰 꿈을 좇아 세계 이곳저곳을 경험한 나의 10대는 우여곡절과 힘든 성장통이 따랐지만, 계획했던 큰일들이 모두 감사히 이뤄졌다. 어린 나이에 큰 꿈을 꾸지 않았더라면, 여의도에서 초중고를 보내고 평범하게 좋은 대학을 갈 정도의 삶이었을 것이다. 같은 시간에 누릴 수 있는 학교생활과 친구들과의 추억을 포기해야 하는 외롭고 힘든 시간이었지만, 하나하나 일들이 매듭지어질 때마다 나는 또 첫 마음으로 새로운 꿈을 갖게 됐다. 산다는 것은 수많은 처음을 만들어가는 끊임없는 시작이라고 말한 신영복 시인의 글이 마음을 울린다.

처음처럼

처음으로 하늘을 만나는 어린 새처럼,
처음으로 땅을 밟는 새싹처럼
우리는 하루가 저무는 겨울 저녁에도
마치 아침처럼, 새봄처럼, 처음처럼
언제나 새날을 시작하고 있다.

스무 살이 되던 해, 나는 새 꿈을 꿨다. 그리고 그 꿈을 위해 구체적인 계획을 세웠다. '우리는 스스로 믿는 것이 된다'고 했던 빅토르 위고Victor Hugo의 말처럼, 나는 내가 되고자 하는 세계적인 건축가들의 20대의 삶을 직접 살아보기로 했다. 스위스 출신 프랑스 거장 르 코르뷔지에와 프리츠커 수상 건축가인 일본의 안도 다다오安藤忠雄, Ando Tadao 모두 유럽 건축 기행에서 영감을 받아 자신의 건축관을 구축했다. 대한민국을 대표하는 건축가 승효상 선생이 유럽의 건축을 답사하며 쓴 《묵상》을 읽고, 나는 파리에서 학교에 다니면서 유럽에 있는 세계적인 건축물들을 직접 보고 사진으로 기록하고 글과 스케치로 나만의 이야기를 남기기로 계획했다. 그뿐만 아니라, 책으로 접했던 세계적인 건축가들을 직접 만나봐야 했다. 대한민국을 대표해 파리 건축학도로서 그들을 직접 만나, 건축에 대한 조언과 더불어 성공적인 건축가가 될 수 있었던 그들만의 길을 직접 만나 들어보고 싶었다.

이 책을 쓰는 지금, 나는 이때의 계획들이 이루어진 것이 믿기지 않는다. 이때 세운 계획에 더해 파리 건축사무소에서의 실무 경험과 프랑스 예술학교 르 프레누아에서 교수님과 친분이 있는 현대

해체주의 건축가 베르나르 추미Bernard Tschumi의 추진으로 예술학교 계획안을 전시한 경험은 상상하지도 못한 일이었다. 파리에서 일어날 놀라운 경험들을 전혀 알지 못한 채, 나는 합격 날 밤 큰 계획을 정하고 잠에 들었다.

이제 건축가로서 첫 시작이다. 나는 2015년 파리 그랑제콜 건축대학에서 건축을 공부한 시점을 기준으로, 2년 단위로 건축 프로젝트SONMA Project를 계획했다. 유럽에서 건축가가 되기 위해선 기본적으로 3년의 학사, 2년의 석사, 실무 경험과 1년의 건축사 과정이 필요하다. 정기 과정 외에도 건축가로서의 건축관과 철학을 만들기 위해, 2년마다 건축학에서 배운 것을 인문학과 철학, 기술과 공학, 물리와 지리과학, 예술 등으로 세분화시켜 그동안 디자인한 설계작품과 글을 정리했다. 이 프로젝트는 시간이 지날 때마다 발전하는 각 부분의 변화 과정을 통해, 나의 성을 세우기 위한 나의 삶의 프로젝트였다. 길고 긴 우여곡절 끝에 도달한 오늘이다. 2015년 봄, 10대 세계인으로서의 도전이 막을 내리고 새 막이 열린다. 세계적인 건축가로 도약하기 위한 첫 발걸음, 첫 프로젝트가 시작되었다.

프랑스 행을 결정케한 근대 건축의 아버지, 르 코르뷔지에

비행기 창문 바깥 파리의 풍경, 2015

제5장

프랑스 파리

프랑스 안시와 샤모니 여행

Life's a Voyage That's Homeward Bound

"여행은 목적지로 향하는 과정이지만, 그 자체로 보상이다."

- 스티브 잡스

프랑스 그랑제콜 파리 발 드센 건축학교에 합격하고 9월 학기 입학까지 여유가 생겼다. 파리에 가기 전 나는 첫 배낭여행을 계획했다. 꿈을 찾기 위해 고민하고 치열하게 파리 건축대학 입시를 위해 달려온 내게 주는 선물이었다. 나의 모험의 여정에는 늘 휴게소가 있었다. 내가 세운 목적지를 향해 달려가 도착하면, 잠깐 기름을 채우고 자신을 돌아보는 비움의 시간 또한 나의 새로운 시작이다. 여행은 새로운 곳으로 이민을 떠나는 것과는 전혀 달랐다. 일상 속에서 마주해야 할 일들과 관계 맺은 사람들로부터 떠나 아름다운 풍경을 바라보며 나 자신을 마주하게 했다. 나는 목표 지향적이고 계획적인 사람이지만, 여행엔 계획을 세우지 않는다. 그저 직관적으로 하고 싶은 것과 보고 싶은 것이 떠오르면 바로 떠난다. 비행기 표와 머물 곳 정도만 계획하고 그 외의 모든 일은 재즈의 노트처럼 즉흥적이다. 계획적인 나에게 이러한 즉흥성은 묘한 쾌감을 준다. 매일 빽빽이 정해져 있는 계획된 일정으로부터 자유로워져 느린 시간을 걷게 한다. 그곳에서 만나는 낯선 풍경과 사람, 그곳만의 향기와 분위기를 계산도 생각도 하지 않고 그저 온몸으로 받아들이고 느낄 수 있는 여행을 사랑할 수밖에 없다.

리옹 하숙집에 맡겨놓았던 짐들을 정리하고 배낭과 카메라, 생필품 정도만 챙겨 프랑스 안시행 기차를 탔다. 햇살이 잘 드는 자리에 앉아 바깥 풍경을 멍하니 바라봤다. 옹기종기 모여 있는 프랑스 마을의 집들과 끝이 보이지 않는 대지의 풍경이 나를 안아줬다. 그동안의 노력에 고생했다는 듯 나를 안아주는 자연은 따뜻한 어머니의 품과 같았다. 핸드폰으로 좋아하는 에반 빌즈Evan bills의 재즈 음악을 틀고 이어폰을 꺼냈다. 이어폰을 귀에 꽂자마자 빠르게 달리는 기차 안 공간이 카페가 되었다. 마침 기차에 오르기 전 산 따듯한 프랑스 커피 카페 알롱제café allongé를 한 모금 하니 그보다 좋을 수 없었다. 20대의 구체적인 계획들이 적힌 다이어리를 펴고 오늘의 감사할 3가지를 적었다.

오늘의 감사일기

1. 여행을 떠날 수 있는 건강한 몸이 있음에 감사한다.
2. 나의 이상을 현실화시킬 종이와 펜이 있다는 것에 감사한다.
3. 이 모든 순간을 담을 카메라가 있다는 것에 감사한다.

아주 사소하고 당연하지만 감사하는 마음은 오늘 지금 이 순간을 살게 한다. 내게는 큰 꿈이 있고 남들이 가지 않은 길을 가겠다는 소명이 있다. 그러나 그것을 좇아 날마다 집중과 몰입의 시간을 보내다 보면, 가끔 오늘 하루의 감사함을 잊곤 했다. 프랑스인들은 죽음에 대해 자주 이야기한다. 어차피 우리 모두 죽을 테니 오늘 나의 인생을 살자 한다. 나는 욜로You only live once족, 히피족hippie의 사고방식을 탈사회적인 생각이라고 보기에 평소 지향하지는 않지만, 여행에서만큼은 모든 게 가능하다. 여행은 나의 시간을 자르면서 새로운 차원의 공간으로 변화시킨다. 새로운 곳에서 살고 적응하는 이민과 전혀 다른 행동이다. 여행자로서 마주한 모든 것은 낯선 즐거움이고, 새로운 나와의 만남이었다.

재즈와 커피와 함께 바깥 풍경을 바라보면서 사색에 잠겨 있다 보니 프랑스 안시역에 도착했다. 향기로운 빵의 유혹을 참지 못하고 폴Paul 빵집에서 햄과 치즈가 들어간 샌드위치를 사 들고 안시 호수 방향으로 걸었다. 선글라스를 낀 사람들이 가벼운 차림으로 휴양을 만끽하고 있었다. 유럽은 특별한 경우가 아니라면 8층 이상의 건축물이 거의 없다. 1890년대 이후 파리의 도시 계획을 맡은 호스만Haussmann이 상하수도망을 재정비해 합리적이고 효율적인 도시로 재건했다. 그 영향으로 프랑스의 많은 도시가 19세기 건축 양식에 영향을 받았다. 프랑스 안시Anncey 또한 아름다운 안시 호수와 공원, 프랑스식 집합주택이 조화로운 작은 도시였다. 안시역Gare Routièr에서 10분 정도 걷다 보니 눈앞에 멋진 호수가 펼쳐졌다. 상상으로 그리던 것보다 아름다운 코발트 블루색으로 반짝이는 호수였다. 멋진 호수의 장면을 담기 위해 사진기의 셔터를 눌렀다. 그리고 벤치에 앉아 눈앞에 보이는 멋진 풍경을 펜으로 스케치하기 시작했다. 부드러운 곡선의 프랑스 안시 호수와 그 뒤에 파노라마로 펼쳐진 알프스 산맥이 하나의 인상주의 작품 같았다. 호수에서 둘만의 사랑을 나누는 연인들, 공원을 뛰어다니는 아이들, 모든 아름다운 장면을 있는 그대로 그렸다. 나는 스케치하던 펜을 넣고 카누에 올랐다. 코끝에 알프스 산맥에서 내려온 바람이 스쳤다. 천국에 올라 구름 위에 두둥실 떠오른 기분이었다. 선글라스를 끼고 카누에 누워 멍하니 하늘을 바라봤다. 이 순간만큼은 그동안 겪었던 수많은 일을 잊고 그저 하늘을 바라봤다. 이토록 아름다운 세상을 지은 이의 계획이 무엇인지 사색에 잠겨 멍하니 바라보고 또 바라봤다.

프랑스 안시에 머무르는 나흘 정도의 시간 동안 나는 걷고 또 걸었다. 목적지를 정하지 않고 좁은 골목길이 보이면 그곳으로 걸었다. 그곳엔 또 새로운 길이 있었다. 골목길 곳곳에는 손으로 직접 주얼리를 만드는 작은 가게부터 소가죽을 직접 잘라 가방을 만드는 장인들의 가게까지 다양한 가게가 모여 있었다. 그렇게 걷고 또 걷다 보니 내 안에 있던 크고 작은 고민과 나를 짓누르던 마음의 짐도 어느새 사라졌다. 프랑스에서 태어나 자란 친구들보다 늦은 시기에 파리 그랑제콜 국립 건축학교 입학을 준비하고 합격하는 날까지 조바심과 불면증에 시달렸던 나는 여행하는 매일 아주 행복하게 깊이 잠들었다. 그동안 달려오느라 보지 못했던 내 안의 곪은 상처와 아픔이 여행을 통해 하나씩 치유되고 있었다.

스위스 샤모니Chamonix는 프랑스, 이탈리아, 스위스의 접점에 있는 작고 아름다운 마을이다. 안시에서 샤모니로 가는 기차의 풍경은 또 달랐다. 기차 왼편과 오른편 창에 스위스 산맥이 펼쳐지고 그 가운데를 가로지르는 기차에서 나는 말로 표현할 수 없는 공간적 경험을 했다. 알프스 산맥은 따뜻한 봄인데도 하얗게 덮여 있었고, 스위스식 붉은 벽돌로 지어진 집들은 동화 속에 들어온 느낌을 주었다. 동심으로 돌아간 기분이랄까. 안시 호수는 차가운 마티니를 마서야 할 것 같은 휴양지였다면, 샤모니는 벽난로 앞에서 따듯한 코코아를 마셔야 할 것만 같은 곳이었다. 기차에서 내려서 걷다가 슬슬 허기가 져 근처에 있는 퐁듀집에 들어갔다. 따듯하게 녹아내린 치즈에 찍어 먹는 퐁듀의 맛을 아직도 잊을 수 없다. 인간의 힘으로 흉내 내기조차 어려운 대자연 알프스를 바라보면서 따뜻한 커피 한 잔을 마시니 온몸의 피로가 풀렸다. 나는 파리 건축학교에서 학기당 수강할 13과목의 건축 교과 과목과 건축 설계 지옥의 삶을 전혀 상상하지 못한 채 그 순간을 만끽했다.

다음 날 아침, 깊이 잠든 바람에 패러글라이딩 예약 시간 30분 전에야 눈을 떴다. 허겁지겁 세수를 하고 급하게 달려 나왔다. 버스와 케이블카를 타고 알프스 패러글라이딩장에 간신히 제때 도착했다. 담당자와 인사를 나눌 여유도 없이 장비를 몸에 차고, 패러글라이딩을 함께할 파일럿과 정신없이 절벽으로 달렸다. 이것이 꿈인지 현실인지 분간이 안 될 정도로 혼란스러웠다. 그저 자신을 믿고 달리기만 하면 된다는 파일럿과 함께 나는 절벽으로 질주했다. 절벽 끝에서 발을 내딛는 순간, 신이 나를 물속에서 건져 올리는 듯, 강한 바람의 저항과 함께 몸을 감고 있던 밧줄이 나를 끌어올렸다. 나는 하늘을 날고 있었다. 발밑에는 개미보다 더 작게 보이는 사람과 항공 사진으로 찍은 듯한 마을이 보였고 눈앞엔 하얗게 덮인 알프스가 펼쳐졌다. 말로 표현 못할 신비한 공간감이었다. 나는 편안히 앉아 태양을 마주하고, 멋진 알프스 위를 날고 있는 한 마리의 새가 되었다. 하늘을 나는 기분이라는 표현이 현실이 되는 순간이었다. 새끼 새는 날기 위해 수천 번의 날갯짓을 한다고 한다.

나 또한 10대에 꿈을 찾기 위해 세계 곳곳에서 수많은 고민의 날갯짓을 한 것인지도 모른다. 그리고 그동안의 노력이 하늘의 뜻과 맞닿은 순간, 나는 날아올랐다. 나는 날갯짓 없이 그저 하늘을 누비는 독수리처럼, 눈앞에 펼쳐진 대자연과 세상을 바라보며 지구 반대편 스위스 샤모니에서 훨훨 날아오르고 있었다. 열정과 비전을 품은 날개로 세계인으로서 또 건축가로서 드높게 날아올랐다.

삶은 멈추지 않고 흐르고, 이 세상은 아름답다. 아직도 내가 보지 못한 이 세상의 곳곳을 누비며 나의 꿈을 펼치리라. 꿈이 있는 젊음에게 이 세상은 아름답고 소망으로 가득하다.

세계 문화 예술의 중심지 파리

Paris, City of Dreams

"알고, 생각하고, 꿈꾸는 모든 것이 이곳 파리에 있다."

- 빅토르 위고

2015년도 여름, 스무 살이 되던 해 나는 세계 문화예술의 중심지 파리행 비행기에 올랐다. 비행기에 오른 순간, 그제야 그동안 꿈꿨던 문학, 철학, 예술, 지성이 모여 있는 파리에서 공부하는 꿈이 이루어졌음을 새삼스레 실감했다. 파리는 고대, 중세와 근현대 건축이 모여 하나의 박물관을 이룬 예술의 도시이다. 제2차 세계대전이 끝나고 20세기 초 근대 건축의 태동이 근대 사회를 이루었다. 근대 건축하면 빼놓을 수 없는 인물, 프랑스 근대 건축의 아버지라고 불리는 '르 코르뷔지에'는 대한민국 1세대 건축가 '김중업' 선생의 스승이다. 대한민국 건축계에 뿌리 깊게 자리한 프랑스 근대 건축은 오늘날 우리가 사는 아파트의 근원이자 서울 도시를 구성한 모든 건축의 기술적 뿌리다. 근대 건축뿐 아니라 현대까지도 서울에서 프랑스 건축가들의 작품을 종종 찾아볼 수 있다. 현대 사옥을 지은 장 누벨Jean Nouvel, 이화여대 ECC 공간을 설계한 도미니크 페로Dominique Perrault 등 서울에는 세계적인 건축가들의 작품이 있다. 3학년 설계 수업을 하는 현대건축스튜디오에 있을 때, 이응노미술관을 지은 건축가 로랑 보두엥Laurent Beaudouin이 바로 옆 근대건축스튜디오 교수로 재직 중이었다. 파리로 향하는 비행기에서 나는 그들을 직접 만나고 그들의 건축관을 배울 수 있다는 것이 믿기지 않았다. 그러나 학생의 신분으로 그들의 작품을 배우는 것일 뿐, 나는 나만의 건축관을 만드는 데 초점을 두고 나의 지적 기초를 쌓기 시작했다. 모든 배움은 결국 내가 창조할 작품을 위한 것이 아닌가. 모방에 그치고 내 성을 짓지 못한다면 무의미하다고 생각했다. 건축가로서 나만의 철학을 빚기 위해서는 교육기관을 최종 목적이 아닌 한 수단으로만 여겨야 했다.

프랑스는 '자유', '평등', '박애'라는 국가적 이념을 가진 유럽 최대 문화 강대국이다. 18세기 말 프랑스는 엄청난 부채에 시달리며 체제 개혁의 실패로 평민이 빵조차 먹지 못하는 상황에 이르렀다. 성직자, 귀족, 평민의 세 신분을 대표하는 사람으로 구성된 삼부회(대의제)는 조직 구성 면에서 불평등을 초래했기에 평민들이 국민의회를 제안했고, 자유의 열기로 루이 16세와 왕비는 단두대의 이슬로 사라졌다. 그 후 나폴레옹이 등장하며, 1793년 툴롱에서 천재적인 전략으로 영국군을 몰아냄으로써 프랑스 혁명군의 영웅이 되었다. 1794년 프랑스는 당대 가장 거대한 60만 명 이상의 군대를 갖췄지만, 산업과 농업의 인프라가 부족해 육군을 지탱할 힘이 없었다. 이를 위해 프랑스에서는 거대한 도로망을 보수하고 공장, 특히 부가가치가 높은 사치품 공장을 적극적으로 건설했다. 덕분에 파리에는 수많은 다리가 건설되었고 도로가 보수되어 물자 운반이 활발해졌다. 전국적인 유통망이 활성화되면서 군대의 모집과 이동이 원활해졌고 건설산업을 통해 일자리가 늘어나 경제 부양을 이뤘다. 프랑스는 기술의 발전을 도모하며 학술과 기술면에서 영국과 비등한 수준을 갖췄다. 나폴레옹은 법전을 편찬하여 산업 발전에 필요한 '법적인 권리'와 '사유권 보장'을 통해 교육, 종교 등 구시대적인 관습을 합리주의를 바탕으로 개혁시켰다. 그는 '세금의 공평화'와 '사유권 재산'의 보장을 시행하며 부르주아 신흥 계층의 성장을 부추겨 자본주의를 발전시킬 토대를 마련했다. 정부와 거래하는 중앙은행인 프랑스 은행을 설립하였고, 이를 통해 자금을 안정적으로 조달할 수 있었다.

나폴레옹과 프랑스 혁명군은 이탈리아 밀라노와 네덜란드 등 여러 도시를 점령하여 도시의 재산을 약탈했고, 그 수익을 프랑스 재정과 병사들의 월급, 정치 자금으로 활용했다. 이 시기에 가장 큰 피해를 입은 프로이센Preussen과 오스트리아는 나폴레옹에게 엄청난 전쟁 배상금을 지불했고 이 돈은 프랑스의 재정이 되었다. 오스트리아는 1805년 아우스터리츠 전투 이후 프랑스와 조약을 맺는데, 전쟁 배상금으로 무려 4000만 프랑이나 지불해야 했다. 나폴레옹의 패권은 거세져 대륙 봉쇄령이라는 최악의 조치를 내렸고, 영국과의 거래로 재정을 충당했던 많은 유럽 국가들에게 큰 타격을 주었다. 이것을 토대로 프랑스 산업혁명은 성장 가도에 들어섰다. 경제, 사회적 기반에 기대어 프랑스의 부르주아 자본가 계급은 크게 성장할 수 있었다.

'소프트 파워'란 설득의 수단으로 돈이나 권력을 이용한 강요가 아닌 매력을 통해 얻을 수 있는 능력, 즉 군사력이나 경제력처럼 물리적이거나 경합적이지 않은 한 국가의 힘을 나타내는 표현이다. 2019년 소프트 파워 1순위는 미국이 아닌 프랑스가 차지했다. 프랑스어는 20세기 초반까지 외교에서 사실상 공용어로 쓰였으며, UN의 공용어 중 하나이자 국제올림픽위원회IOC의 공식 언어로 쓰일 정도로 영향력이 큰 언어이다. 14, 15세기에 이슬람 세계와 동로마로부터 전래된 아리스토텔레스를 비롯한 고대 그리스의 이단 철학을 바탕으로 스콜라 철학Scholasticism과 예수회Jesuit를 탄생시킨 곳 또한 프랑스였다.

유럽의 중심 국가인 프랑스는 주변 유럽 국가들의 문화예술에 영향을 받으며 유럽 전체의 문화예술 유행을 선도했다. 근대 철학의 아버지이자 서구인들의 사상을 설계한 것으로 평가받는 데카르트, 현대에는 알베르 카뮈Albert Camus나 장 폴 사르트르Jean Paul Sartre의 프랑스 실존주의와 미셸 푸코Michel Foucault의 구조주의, 자크 데리다Jacques Derrida의 해체주의와 포스트 모더니즘 사상 등 유럽의 전체 흐름을 주도하는 지성의 원류가 프랑스였다. 프랑스 문화의 힘은 긴 유럽의 역사에 따른 강력한 인프라와 군사력을 바탕으로, 오늘날 시민들이 자유, 평등, 박애의 가치를 누릴 수 있는 프랑스만의 저력이 되었다. 나는 문화예술 중심지인 파리에서 김구 선생님이 바라던 문화 강국의 꿈을 그리며 건축가로서의 시작을 앞두고 있었다. 아름다운 문화의 삶을 위해 프랑스가 갖추고 있는 구조적 힘을 다시 한 번 되새겼다. 경제화와 민주화를 이룬 우리 대한민국에도 그날이 머지않아 보인다.

나는 건축가라는 전문가이기 전에 끊임없이 진리를 탐구하고 생각하는 지성인 혹은 철학자이자, 새로운 것을 창조해내는 작가 혹은 예술가이고 싶다. 나는 사회를 혁신시키는 엔지니어 혹은 발명

가로서 자신의 주체를 채워나가고자 한다. 다툼과 분쟁의 중심에 있는 선동가나 정치가가 되기보다 창조적이고 혁신적인 아이디어로 많은 사람들의 영혼 속 가난을 채우는 사람이 되고자 한다. 과거의 아픔에 매여 과거를 반복하는 사람이 아니라 아픔을 딛고 일어나 새로운 가치를 만들어가는 사람, 정해진 파이를 나누어 부와 명예를 갈취하기에 힘쓰기보다 끊임없이 도전해 더 큰 파이로 확장시키는 사람이 되고자 한다.

'목적 없이 존재하는 것은 아무것도 없다'는 보들레르Charles-Pierre Baudelaire의 말처럼 나는 프랑스에서 내 삶의 소명을 물었다. 매 순간 도전하며 남들이 덜 다닌 길을 찾아 나아가는 사람이면 충분할 것이다. 나는 꿈의 도시 파리에 도착했다.

파리 그랑제콜 건축학도

Becoming World Class

"훌륭한 스승은 그 자체가 촛불이다. 제자들의 두 눈이 밝음에 트일 때까지,

어둠이 다할 때까지 스스로를 다하여 타오르는 촛불이다."

- 유동범

2015년도 가을, 파리에서 건축학도의 삶이 시작되었다. 전문가 양성 준비 학교인 프레빠Prépa의 면접에 통과해 선출된 소수의 프랑스 엘리트들과 함께하는 입학식 날, 거대한 강의실 안에서 나는 유일한 한국 학생이었다. 프랑스 건축계의 콧바람깨나 내는 건축가들은 파리에서 자신의 건축 사무소 운영과 스튜디오 교수를 겸임하는 경우가 대부분이었다. 입학생들은 모두 필수적으로 근대주의 설계팀에 배치됐다. 르 코르뷔지에의 건축관을 계승받아 공간의 가장 기초가 되는 합리주의 건축을 중점으로 르 코르뷔지에의 제자 앙리 시리아니Henri Ciriani는 설계 프로젝트를 진행했다. 파리의 건축학도는 수업을 듣는 시간 외 모든 시간을 설계에 쏟아야만 했다. 설계 스튜디오에서 좋은 성적을 받지 못하면, 나머지 13개 교과 과목을 패스하더라도 다음 학년으로 넘어갈 수 없었다. 나의 일주일 일정에는 쉼이 없었다. 13과목의 인문학과 철학, 건축공학과 컴퓨터 프로그램, 예술 등의 수업과 실무 수업, 그리고 남은 시간은 건축 설계에 쏟아부어야 했다. 이렇게 수업과 설계로 꽉 채워진 일상에 적응

하며, 나는 아름다운 도시 파리를 둘러볼 여유 없이 날마다 지옥 같은 스케줄을 보내고 있었다.

나는 20대 캠퍼스의 낭만도 없이, 매일 설계 스튜디오에서 프랑스 친구들과 함께 동고동락하며 밤샘 작업의 나날을 보냈다. 밥을 먹고 씻는 것도 미루고 더 좋은 건축의 답을 찾기 위해 치열하게 설계에 몰두했다. 우리는 건축 동지가 되어 더 좋은 작품을 만들기 위해 디자인을 하고 도면을 모형으로 만드는 작업을 반복했다. 합리적이고 기능주의적인 모더니즘 건축의 공간성을 탐구했다. 산업혁명 이후 시민의 주거를 위해 시작된 기능주의 건축은 표현을 배제한 목적과 기능만을 토대로 설계되어야 한다는 원칙을 갖는다.

설계팀 학생들은 미국 건축의 개척자 루이스 설리반Louis H. Sullivan의 '형태는 기능에 따른다'는 개념 아래 프로젝트에 몰두했다. 이렇게 한 주 동안 준비한 설계 작업의 노력에도 불구하고 교수님은 정성들여 만든 모형을 보란듯이 하나씩 뜯어가며, 학생들의 작품을 냉엄히 비판했고 이것을 견디지 못한 몇 학생은 부서지는 모형을 보며 울기도 했다. 학생들은 교수의 냉정한 비판과 갖은 수모에도 정신력으로 무장해 치열하게 더 좋은 설계 답안을 내기 위해 몰두했다. 함께했던 건축 설계팀 학생들은 모두 열정적이고 집요하게 창작활동에 매진하는 괴물들이었다.

대한민국과 비교하면 프랑스 대학의 진학률은 50%도 안 된다. 중학교만 졸업하고 기술을 배우거나 바로 직장을 준비하는 것이 전혀 이상하지 않았다. 프랑스 국립 대학은 일반적으로 파리1, 파리2

대학식의 숫자로 불리며 평준화되어 있다. 특별히 정부나 법, 의료 기관에서 일하거나 건축가, 엔지니어 등 전문가를 양성하는 그랑제콜에 진학을 희망하는 학생도 15% 정도이다. 대한민국이 80%의 대학 진학률을 보이며 등급을 매겨 순위로 진학하는 것과는 전혀 다른 개념의 대학 과정이다. 이러한 교육 제도 덕분인지, 대학 입시 경쟁보다 자신에게 무엇이 맞고 어떤 일을 하고 싶은지를 찾는 것이 프랑스 중고등학교의 역할이다. 그 후 자신이 일하고자 하는 분야를 위해 시간을 들여 전문성을 기르거나, 필요하지 않다면 바로 직장에 취업해 일을 배워가는 것도 전혀 이상하게 여겨지지 않았다. 프랑스는 학생에게 대략 월세의 20%를 지원한다. 500유로의 월세를 내는 학생들에겐 100유로를 정부에서 주택보조금으로 매월 지급한다는 의미다. 학비 또한 한국과 미국처럼 학자금 대출 때문에 학비를 갚기 위해 아르바이트를 하는 학생은 거의 드물다. 2015년에 학부 생활을 할 때, 1년 동안 학생 보험과 학비를 포함한 대학 비용은 600유로(한화 90만 원)를 넘지 않았다.

프랑스는 이처럼 교육을 받는 학생에게 풍부한 물적 자원을 지원한다. 이는 프랑스에서 공부하는 학생들이 오로지 학업과 자신의 분야를 탐구하는 데에만 집중할 수 있도록 하는 선진 제도이다. 학생들에게 주어지는 혜택은 이뿐만이 아니었다. 유럽에서 공부하는 학생일 경우 유럽에서 기차 여행을 할 때 기차 요금이 40% 정도 할인되고, 유럽 국가 안에 있는 미술관과 박물관 티켓 요금도 대부분 무료다. 커피를 사 먹을 돈이 없으면 친구들과 마땅히 얘기할 공간을 찾기조차 어려운 서울에선 상상할 수 없는 혜택이다. 유럽에는 사람들이 함께 시간을 보낼 수 있는 공공장소가 잘 조성되어 있다.

지친 학부 생활에서 파리의 튈르리 정원과 뤽상부르 공원은 주말 동안 책을 읽거나 친구와 함께 잔디에 누워 여유 시간을 보낼 수 있는 쉼터가 되었다. 나는 서울에서 대학을 다니는 비용보다 더 적은 비용으로 프랑스 파리의 생활을 누렸다. 흔히 해외에서 공부하는 학생을 금수저나 특별 수혜자처럼 일컫지만, 조금만 더 찾아보고 알아보면 프랑스와 독일은 그 나라의 언어를 할 줄만 안다면 학생에게 가장 좋은 환경을 제공한다고 확신한다.

그러나 유럽은 졸업생 비율이 한국에 비해 높지 않다. 한 명의 전문가를 키우기 위해 높은 강도의 공부를 요구하기 때문이다. 국가에서 충분히 지원할 테니 대신 받은 만큼 열심히 하라는 것이다. 건축가가 되기 위해선 3년의 훈련소 같은 학부 과정을 겪어야 한다. 앞에서 말했듯이 한 학기마다 시험을 보고 패스해야 하는 과목이 무려 13과목이나 된다. 그러나 이 모든 과목은 학년을 패스하는 데 전체의 20%밖에 영향을 주지 않는다. 나머지 80%는 설계 프로젝트 결과에 따라 나뉜다. 13과목을 모두 패스하더라도 설계 점수가 나오지 않으면 다음 학년으로 넘어갈 수가 없다는 얘기다. 나는 이 모든 시스템이 상당히 효율적이라고 생각한다. 모두가 대학을 진학할 필요 없이 자신이 원하고 잘하는 것에 맞춰 대학 진학 여부를 가리는 것이다. 돈을 벌지 못하는 학생에게 혜택을 주고 자신의 분야를 키우는 것에 집중하게 한다. 그 외에 일반 시민들의 여가 활동이나 문화생활, 여행 등도 소득이 없는 사람에게 충분한 혜택을 주면 아무래도 부담이 덜해진다. 비싼 학비를 들여 대학을 졸업하고 학자금 대출을 갚기 위해 일하는 시스템에는 분명 문제가 있다.

파리 건축학도의 삶에 적응해가고 있던 겨울이었다. 일주일 동안 닷새나 밤을 새운 것은 처음이었다. 설계를 하다 보면 끊임없이 고쳐야 할 점이 보이기 때문에 그것을 해결하다 보면 밤을 지새우곤 했다. 건축학도들에게는 자연스러운 일상이었다. 오늘 하루는 아무 생각 하지 않고 긴 잠을 자고자 집으로 걸어가던 내게 친구 토마스 Thomas가 메시지를 보내왔다.

"문, 내일 오전에 퐁피두 센터에서 안도 다다오의 콘퍼런스가 열린대!"

프리츠커 수상자인 일본 건축가 안도 다다오는 현대 건축에서 빼놓을 수 없는 인물이다. 현대까지도 그는 세계적으로 영향력 있는 건축가이며, 설계 스튜디오에서도 그의 작업은 레퍼런스 작업으로 많이 사용된다. 그의 작품집 속, 르 코르뷔지에와 미스 반 데어로에Mies van der Rohe의 기능주의 건축의 영감을 받아 하나의 영적인 공간을 만든 '빛의 교회'는 내가 본 건축 중 가장 큰 감동이었다. 그의 건축과 글을 보고 설계를 공부했던 나에게 그는 버락 오바마 다음으로 직접 만나고 싶은 나만의 영웅이었다. 닷새나 밤을 새운 몸으로 과연 내일 오전에 일어날 수 있을까 잠시 걱정했지만 그 걱정도 잠시, 다음 날 아침 안도를 만날 생각에 눈이 자동으로 떠졌다.

파리 중심에 있는 퐁피두 센터는 세계를 대표하는 작가들의 전시가 거의 매주 열리는 현대 문화예술갤러리다. 해체주의 건축 양식으로 설비와 파이프가 외부로 노출되고 각종 색으로 화려한 외부를 자랑한다. 친구 토마스와 안도의 콘퍼런스에 들어가기 전 커피

한 잔을 했다.

“문, 네가 그렇게 얘기하던 안도 다다오잖아. 기분이 어때?”

“내겐 꼭 만나야 할 사람 중 한 명이야. 잠깐이나마 대화를 해봤으면 좋겠어.”

친구와 함께 콘퍼런스장 맨 앞자리에 앉았다. 객석이 가득 찰 때쯤, 사람들이 웅성거렸다.

“C'est lui. Ando(저기 봐, 그 사람이잖아, 안도 다다오).”

작은 키에 중년의 더벅머리 일본인이 통역사와 함께 마이크 앞으로 걸어왔다. 그는 일본어로 자신을 간단히 소개했다.

“안녕하세요, 여러분. 안도 다다오입니다. 반갑습니다.”

콘퍼런스 룸 안에 있던 사람들이 박수를 보냈다. 그는 자신의 첫 건축 작품부터 지금까지의 작품을 구체적으로 설명했다. 가장 최근에 지은 파리 상공거래소 리노베이션까지 모두 설명하며 그가 건축가로서 걸어온 길을 있는 그대로 담담히 전했다. 복서 출신으로 제도권 교육 과정을 밟지 않고 그저 창작을 좋아하는 소년이었던 그는, 건축가가 되기로 결정하고 유럽 건축기행을 통해 봐온 건축물에서 영감을 받아 빛의 교회와 물의 교회 등을 지었다. 그의 건축적 공간은 ‘영혼을 울리는 건축’이었다. 건축 작품을 사용하는 이는 건축가의 설명을 통해 건축을 체험하지 않는다. 그저 건축이 가진 물리적 형태와 그 공간을 체험하는 사용자의 오감만이 요구된다. 그의 작품엔 말로 표현 못할 영혼을 울리는 무언가가 있다. 그가 건축가로서 얘기하는 도전 정신과 끊임없이 자신과 싸워 만들어낸 건축물은 세계 많은 이에게 영감을 줬다. 콘퍼런스를 마치고 학생들과의 대화 시간이 잠시 주어졌다. 나는 친구와 함께 많은 학생에게 둘러싸인 그에게 다가가 담대히 악수를 건넸다.

"반갑습니다, 안도 다다오. 저는 한국에서 파리로 건축을 배우러 온 손문입니다. 오늘 강연 잘 들었습니다. 꼭 만나 뵙고 싶었습니다, 혹시 실례가 안 된다면 질문 하나 드려도 될까요?"

안도 다다오는 같은 동양인인 나를 보고 미소를 지었다. 그리고 통역사를 통해 대답했다.

"반갑군요. 네, 편하게 질문하세요."

"저는 대한민국에도 당신과 같은 프리츠커상이 나오기를 바라는 한국 건축학도입니다. 당신을 세계적인 건축가로 도약하게 만든 계기가 무엇입니까?"

통역사 분은 나의 직접적인 질문에 당황했지만 있는 그대로 번역해 그에게 전달했다.

"허허, 비전이 있는 학생이군요. 저는 '강인함'이라 생각합니다. 건축가는 이상을 추구하고 이것은 반드시 현실에 부딪치게 될 수밖에 없어요. 그러나 언젠가 반드시 빛을 낼 거라는 가능성을 붙잡는 것. 그 강인함과 인내력이 건축가에게 필요한 자질이 아닐까 싶습니다. 허허, 학생의 눈빛에서 그러한 강인함이 보이는군요. 끝까지 포기하지 마세요."

일본어로 말하는 그의 긴 조언을 통역사 분이 전달해주었다.

"멋진 조언 감사드립니다. 포기하지 않고 반드시 이뤄내겠습니다."

건축가 안도 다다오 선생의 명쾌한 조언은 내게 큰 힘이 되었다. 역사적으로 한국은 한때 일본의 식민지였기에, 나는 일본에 대해 좋은 감정만을 갖고 있지는 않았다. 그러나 앞으로 나아가기 위해서는 언제까지나 열등감과 적대심으로 일본을 바라볼 수는 없지 않은가. 세계화로 나아가기 위해서는 우리가 배울 만한 것은 배울 줄 알아야 한다고 생각했다. 세계적인 건축가 안도 다다오와의 만남은 내게 큰 울림과 도전을 주었다. 파리 건축학도 1학년, 나는 큰 꿈을 꾸기 시작했다. 언젠가 반드시 대한민국의 프리츠커상을 받는 건축가가 되겠다는 강한 다짐을 마음에 새겼다. 안도 다다오 선생의 조언처럼, 내가 살아온 삶의 가치처럼 포기하지 않고 끝까지 달리리라. 내게 너무 멀기만 했던 프리츠커라는 단어가, 수상자 안도 다다오와의 만남을 통해 조금 더 가까이 보였다. 이렇게 세계적인 건축가들과의 만남은 나의 꿈을 더욱 구체화시키고, 건축학도로서 설계의 삶 속에서 건축가로 나아가는 강력한 원동력이 되었다.

안도 콘퍼런스 후 짧은 만남 중, 2017

파리 퐁피두 센터 안도 다다오 전시, 2017

파리 퐁피두 센터 안도 콘퍼런스, 2017

프리츠커라는 꿈

Vision of Korean Architect

"우리는 한 번도 존재하지 않았던 것을 꿈꿀 수 있는 사람들이 필요하다."

- 존 F. 케네디

안도를 만난 이후로 내가 설계하는 작업에서도 그의 작품관이 드러났다. 콘크리트로 미니멀한 합리주의를 표현한 건축 스튜디오에서, 그가 서구의 근대주의 건축에 동양적인 감각으로 공간 안에 빛을 끌어들이는 방법과 울림을 주는 막중한 매스(mass, 부피를 가진 하나의 덩어리로 느껴지는 물체)를 사용한 건축 기법이 나의 작품에도 드러났다. 나는 건축의 기본적인 기능과 교수가 제안한 프로그램을 충족시키는 것 이상을 담아내기 위해 울림을 주는 공간을 구현하는 것에 목맸다. 어떻게 하면 공간을 통해 사람의 영혼에 울림을 줄 수 있을지 고민하고 또 고민했다. 단순히 종교적 의미의 영적 공간이 아닌, 프랑스 신고전주의 건축 판테온과 건축가 루이스 칸Louis Kahn의 필립스 엑시터 아카데미 도서관과 같은 막중한 매스와 빛이 자아내는 공간의 분위기를 만들고자 했다. 파리의 건축학도 2학년이 된 나는 파리 9가의 미술관을 설계하게 되었다. 르 코르뷔지에의 건축 5원칙이 잘 적용된 막발Mac Val 현대미술관을 레퍼런스 자료로 받은 나는 파리에도 사람의 영혼을 울리는 도서관을 짓고 싶어졌다. 건축의 기능과 주변 콘텍스트에 맞춰 매스를 정하고, 공간의 동선을 고려해 각 공간의 사용 요구를 맞추고 나면, 같은 설계 스튜디오 학생들과 특별한 차이가 없는 단조로운 건축물이 만들어졌다. 고만고만한 형태를 들고 온 학생들의 작품을 보고 교수님의 표정이 좋지 않았다.

"모두 똑같은 건축을 가져 왔구나. 자신만의 컨셉이 보이지 않는다. 다들 처음부터 다시 시작하도록."

주어진 건축 조건에 제약이 있었기에 형태를 자유롭게 구성하기엔 한계가 있었다. 교수의 혹평에 학생들은 애초에 교수가 제시한 건축 프로그램에 문제가 있다고 비난했다. 나는 모형을 들고 집에 돌아가 다시 만들며 새로운 답을 찾기 위해 밤을 새웠다. 그러다 안도가 제주도에 지은 본태박물관과 같은 큰 매스 사이 빛의 동선을 만드는 작업을 성공했다. 프로그램의 요구를 만족하면서 동시에 거대한 매스 덩어리를 교차시켜, 매스와 매스 사이에 빛 한 줄기를 끌어들였다. 미술관에서 작품을 보러 온 사용자들에게 공간으로서의 예술을 구현하고 울림을 주는 공간의 분위기를 만들어냈다. 다가온 교수님과의 설계 미팅 날, 나의 작품을 보고 설계 교수님이 물었다.

"이 작품, 누구 것이니?"

설계팀 학생들이 수군거렸다. 이름이 적혀 있지 않은 모델을 보고 다들 누구의 것인지 의아해하고 있었다. 친구 토마스가 머뭇거리고 있던 나 대신 답을 했다.

"손문의 작품입니다, 교수님."

평소 설계 교수님은 매번 혹독한 비판을 쏟아내곤 했다. 나는 다가올 비판에 맞설 반박 논증을 머릿속으로 생각하고 있었다.

"조화로운 균형 감각의 매스, 그 사이의 빛, 건축적 산책로- 모두 완벽하구나."

2년간 설계팀에 있으면서 교수님의 입에서 학생에 대한 칭찬이 나온 것은 처음이었다. 교수님이 말하는 좋은 건축이 훌륭한 건축이라고 할 수는 없지만, 그래도 학생에 대한 첫 칭찬이었기에 설계팀에 있는 친구들은 내게 박수 세례를 보냈다. 이례적인 교수님의 과분한 칭찬에 몸 둘 바를 모르고, 친구들의 박수에 온몸이 간지럽고 쥐구멍에 들어가 숨고 싶은 심정이었다. 그러나 나만의 '건축의 울림'을 찾고자 했던 노력이 조금이나마 증명된 것 같아 뿌듯했다. 건축에는 답이 없다. 내가 작품을 통해 구현하고자 하는 공간이 잘 드러났을 때에 비로소 좋은 공간이 된다. 프랑스 엘리트 학생들의 발표 능력에 비해 건축 작품을 발표하는 나의 기술은 부족함이 많았지만, 건축은 있는 그대로 작품을 통해 승부를 본다. 멋진 건축적 표현을 사용해 화려한 언변으로 발표를 해도 건축 공간에 그것이 보이지 않으면 무의미했다. 이런 면에서 건축은 하나의 예술 작품이다. 좋은 예술 작품은 예상치 못한 곳에서 아름다운 이성을 만난 것과 같다. 그저 그 아름다움과 그 사람의 분위기에 압도되어 멍하니 바라보게 된다. 좋은 건축 공간 또한 그렇다. 그저 멍하니 바라보게 되고 보이는 그대로 울림을 주는 공간을 창조하는 것, 삶을 위한 합리적인 기계를 표방

하는 근대주의 건축 스튜디오에서 나는 나만의 울림을 주는 건축관을 통해 주택, 도서관, 미술관과 복합주택을 하나씩 설계해 나갔다.

나는 2년여간 시간을 보낸 미니멀하고 합리주의적인 건축 스튜디오에서 답답함을 느꼈다. 20세기 초반의 근대주의 건축은 분명 건축의 뿌리였지만, 오늘날 새로운 기술과 형태로 빚은 현대 포스트모더니즘과 비교하면 낡은 건축 양식처럼 보였다. 근대주의에서 나를 꺼내 현대 건축에 영향을 미치는 건축가들을 만나보기로 했다. 프리츠커상을 받은 건축가들의 콘퍼런스를 모조리 찾아다녔다.

2012년도 프리츠커상 수상자인 중국 건축가 왕슈王澍, Wang Shu, 2008년도 수상자인 프랑스 건축가 장 누벨, 이화여대 ECC를 짓고 프랑스 국립 도서관을 설계한 도미니크 페로 모두 콘퍼런스에서 직접 만날 수 있었다. 콘퍼런스가 끝난 뒤에는 기업가들과 언론인, 스타 건축가 등이 네트워크를 쌓기 위해 명함을 주고받는 자리가 마련된다. 그런 자리에 학생은 거의 없었다. 나는 오로지 젊음과 패기로 안도에게 다가갔듯, 그들에게 다가가 담대히 악수했다. 그리고 세계적인 건축가들에게 그들의 건축관에 핵심이 되는 질문을 던지고 한 명 한 명 인터뷰했다. 그들은 모두 패기와 젊음으로 무장한 대한민국 건축학도의 질문에 친절히 답해주었다. 콘퍼런스의 규모가 작은 경우엔 형식적인 대화뿐 아니라 건축적으로 깊이 있는 대화도 할 수 있었다. 내게는 큰 배움이 되었다.

내가 만난 프리츠커상 수상자들은 대부분 건축에 매우 열정적이고 진지했으며 창의적 비전을 가진 선구자였다. 그들은 현대 사회의 흐름을 객관적으로 파악하며, 다가올 시대에 맞춰 건축, 사람, 자연의 관계를 위해 끊임없이 연구하는 사람들이었다. 건축가가 거대한 프로젝트를 실현하기 위해서는 정부와 기업, 실무의 수많은 전문가와 인력들을 결집해 자신의 이상을 실현할 확고한 추진력과 그들을 설득할 커뮤니케이션 능력이 필요했다.

그들의 가장 큰 공통점은 모두 나이가 들고 시간이 흘러도 변치 않는 좋은 작품을 내고자 하는 열정이었다. 안주하지 않고 끊임없이 더 좋은 작품을 만들고자 하는 그들의 열정과 도전이 우리가 도시를 기억하는 이미지 속의 대표적인 건축과 랜드마크를 지어올렸다. 프리츠커상을 빛낸 모든 이들에겐 프로젝트를 이끌어 나갈 강한 추진력과 집요하기까지 한 섬세함 그리고 사회를 고찰하는 뛰어난 지성이 있었다. 나는 왕슈, 도미니크 페로, 장 누벨뿐만 아니라 렘 콜하스, 시게루 반坂茂, Ban Shigeru 그리고 베르나르 추미와 같은 세계의 건축을 짓는 건축가들을 직접 만났다. 그리고 그들의 작업을 연구하면서 세계적인 건축가들의 사고, 그들이 삶 속에서 건축을 대하는 태도와 비전을 배우게 되었다. 건축가가 되는 일은 오랜 시간이 걸리는 일이었다. 끊임없이 공부하고 짓고 이 세상과 부딪친다. 그럼에도 불구하고 그것은 내가 믿는 낙원과 빛을 좇는 일이다. '건축가' 이 세 글자는 내게 너무도 무겁다. 인류의 미래에 대한 책임이자 나의 미래이다.

아, 프리츠커. 아직도 너무 먼 빛이다. 그러나 큰 꿈이 있기에 나의 오늘은 더욱 찬란히 빛난다. 끊임없이 개척해 나가야 할 좁은 길, 건축가의 길. 이 소명의 길을 걷고 또 걸으리라.

렘 콜하스 콘퍼런스, 2018

프리츠커상 수상 건축가 시게루 반 콘퍼런스, 2018

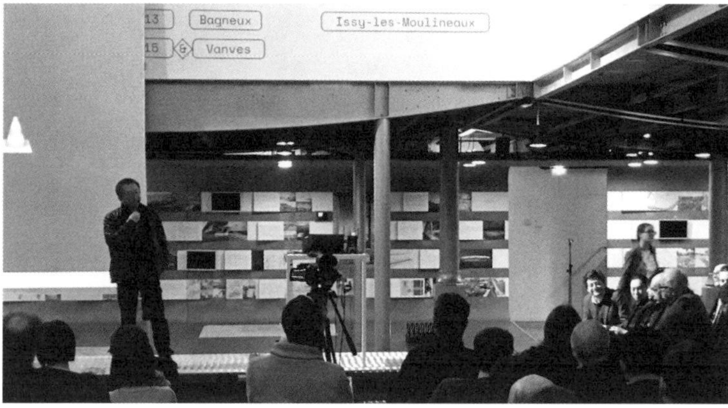

프리츠커상 수상 건축가 왕슈 콘퍼런스, 2018

도미니크 페로 콘퍼런스, 2018

파리 개척교회 신앙교사

The Best Teachers Teach from the Heart

"나는 스승들에게서 많은 것을 배웠다. 그리고 내가 벗삼은 친구들에게서 더 많은 것을 배웠다. 그러나 제자들에게선 훨씬 더 많은 것을 배웠다."

- 탈무드

나는 파리 건축학교의 교수님들과 세계적인 건축가들을 통해 많은 것을 배웠다. 함께하는 파리 유학생 친구들과 건축 설계팀 동지들에게는 더 많은 것을 배웠다. 그러나 4년 동안의 파리 유학 기간 동안, 파리에 있는 한인 개척교회에서 신앙교사 사역을 통해 제자들에게 훨씬 더 많은 것을 배운 것 같다. 나는 미국으로 처음 여정을 떠난 순간부터 매일 성경을 읽고 묵상해 왔다. 긴 유학 시절 동안 나의 중심이자 삶의 기준이 된 신앙은 오늘날까지도 내게 변함없이 중요한 가치다. 중고등학생 시절 미국과 중국 교회에서 섬길 수 있는 봉사는 거의 모두 섬겨봤지만, 내게 선생의 직함은 무거웠다. 내가 기억하는 한 내가 만난 선생들은 모두 훌륭한 분이셨다. 인격뿐만 아니라 일상을 살아가는 성실함과 학생들을 대하는 태도 모두 훌륭한 교사였다. 내가 파리에 정착한 2015년도에는 교사로 일하시던 분들이 한국으로 많이 귀국하는 상황이었다. 한 교사분이 교사직 이임을 부탁했을 때 나는 나 자신의 자질을 되물었다. 내가 누구를 가르칠 정도의 사람일까. 이 또한 내게 무거운 도전이었다. 몇 주

고민한 끝에 나는 파리에 있는 4년의 시간 동안 매주 일요일 개척교회 신앙교사로 활동하게 되었다.

나는 중국에서의 방황을 마치고 한국으로 돌아와 간 교회 수련회에서 긴 기도를 드렸다. 그리고 희망을 찾지 못했던 나는 신앙을 통해 프랑스 파리에서 건축가라는 꿈을 갖게 되었다. 나의 노력을 다해 파리에서 공부하게 된 것은 하늘의 축복이라고 생각했다. 그에 대한 부채감이었을까, 나는 보다 이상적인 교사가 되기 위해서 매주 일요일만은 건축학도의 삶을 내려놓고, 시간을 들여 성경과 신학 자료를 읽어가며 프랑스 2세 고등학생들에게 성경이 주는 삶의 가치와 예수 그리스도의 삶을 가르쳤다. 거창한 가르침은 아니었다. 매일 성경 구절이 담긴 묵상 교재 QT를 읽고 자신의 삶에 적용하는 습관을 들이는 것을 도와주는 정도였다. 묵상과 기도는 내가 홀로 유학을 하며 마음에 중심을 지켜왔던 매일 아침 루틴이었다. 그러니 다른 사람들이 그 습관을 갖도록 도와주는 역할은 내게 그리 어렵지 않았다. 또한, 프랑스에서 책을 통해 시비를 판단하고 끊임없이 스스로 질문했던 나는 성경을 통해 답을 찾곤 했다. 10대의 마지막 고등학생 시절 나의 길을 찾기 위해 다양한 경험과 고민을 해본 나는 해외에서 생활하는 2세 고등학생 친구들의 고민에 누구보다 잘 공감할 수 있었다.

나는 신앙교사로서 무언가를 가르친다기보다 각 학생이 가진 원석의 고유한 생명이 신앙을 통해 더욱 빛나길 바랐다. 성경은 이 세상의 '빛과 소금'이 되어 때론 부패한 사회 속 짠맛을 내는 소금이 되고, 우리에게 어둠으로 가득한 사회를 빛내라고 이야기한다. 나만의 빛을 잃지 않으려고 달려온 나의 삶처럼 학생들도 자신만의 고유의 생명성을 지키고 이 세상을 빛내기를 바랐다. 성경이 얘기하는 기준인 율법을 지키되, 그것으로 사람을 판단하거나 정죄하지 않고 사랑의 마음으로 인류를 돕고 희생한 것이 예수 그리스도의 생애였다. 그리고 그 사랑의 진정성과 교훈은 그의 죽음 이후 제자들의 선교를 통해 오늘까지 이어지고 있다. 이 세상에서 내가 스스로 기준이 되어 능력을 갖추고 모범이 되며 누군가를 돕는 예수 그리스도의 삶은 상상하기조차 어려운 힘든 일이다. 비종교인에게는 이해되지 않는 바보 같은 행동이거나 가식적인 행동처럼 해석될 수도 있다. 그러나 예수 그리스도의 삶을 살려고 노력하는 것과 아예 기준이 없는 삶엔 분명 차이가 있는 듯하다. 성경의 진리인 율법을 지키는 것은 매우 중요하다. 그러나 구약에서 말한 율법보다 더 중요한 것은 예수 그리스도의 삶에 나타난 생명을 향한 '사랑'이다. 그 사랑은 자신의 희생을 통해 한 영혼을 '구원'해 자유케 하고자 했다.

나는 나의 삶을 있는 그대로 사랑한다. 이것은 하늘이 내게 준 '자유'라는 가장 큰 가치이다. 그리고 타인을 사랑하는 것에 미숙했던 나는 내가 만난 모든 학생을 있는 그대로 사랑하기로 했다. 나는 신앙교사의 사역을 통해 그들의 모습에서 보이는 각각의 개성과 생명의 소중함을 배워가고 있었다. 건축학도로 며칠 밤을 새워 건강도 챙기기 바쁜 삶이었지만, 학생들과 만나고 그들이 성경을 통해 배워가는 과정 하나하나가 나의 삶을 깨웠다. 정말 놀라운 것은, 내가 가르쳐야 하는 학생들을 사랑하면서 오히려 그들을 통해 사랑을 배웠다는 것이었다. 나는 그들에게 도움을 주고자 했지만 결국 그들을 통해 나의 삶이 더욱 풍성해짐을 경험했다. 각자 삶에서 맞닥

뜨린 어려움과 고민을 성경을 통해 이겨내고, 소망의 기도 제목을 함께 나누면서 나의 소망 또한 커지는 경험을 했다. 때로는 율법의 이상을 좇아 행동하다가 현실 속 문제와 삶의 유혹에 부딪힌 학생들이 어려움을 느낄 때, 답을 함께 고민하고 선생으로서 먼저 모범을 보이려 노력했다. 그 모든 도야陶冶가 나 자신을 더욱 성숙하게 만들고 있었다.

4년 동안 내가 신앙교사로서 한 일은 간결했다. 그들이 세상에서 이해가 되지 않는 상황을 목격하고 휘청일 때 마음의 고민을 들어주는 나무가 되어주고, 한 명 한 명 그들에게 맞는 방향을 제시하는 정도가 전부였다. 그리고 대학 입시를 앞둔 학생들에게 대학만을 목표로 삼지 않고 그들이 가진 잠재력을 끌어내고 각 개인의 영역에서 소명을 찾는 끊임없는 고민을 위해 함께 기도했다. 그들이 희망하는 대학과 자신만의 소명의 길을 발견하고 그것을 나에게 나누어주었을 때, 나는 우리 사회 속 많은 좋은 스승의 중요성을 다시 한 번 느낄 수 있었다. 20대 초반, 성경의 가치대로 하늘 이상의 기준을 두고 살기로 한 순간부터 나는 꿈을 위해 오늘의 삶에 더욱 충실하게 되었고 관계를 통해 사람과의 사랑을 배웠다. 무엇보다 성경이 금하는 것들을 스스로 삼가려 노력할 때, 이전보다 더 행복하고 자유로운 삶을 누리며 살 수 있었다.

《정의란 무엇인가》로 잘 알려진 마이클 샌델Michael J. Sandel 교수는 정의란 '정당화될 수 없는 불평등이 존재하지 않는 상태를 추구하는 것'이라고 얘기했다. 그러나 개인마다 그 기준은 조금씩 다르다. 과잉되면 '나만 옳음'이 독선적 진영 논리로 사회에 분열과 갈

등을 일으킨다. 때로 공공의 선은 무의미해지고 현실은 각자의 생존을 위한 이익 관계만으로 이뤄진 것처럼 보이곤 한다. 사회의 많은 이들이 이러한 현실 속에서 정의, 사랑, 공공의 선이 존재하는지 한탄한다. 그러나 사람들이 종교를 통해 지성과 존엄성을 위한 개인의 철학을 도야한다면, 그리고 사회 속에서 희미해지는 사랑과 정의와 따뜻함과 같은 가치를 삶을 통해 보여주는 이들이 많아진다면, 사람들의 삶은 조금 덜 각박해지지 않을까. 그러나 안타깝게도 현대 사회는 권력에 따라 각자의 우위 관계를 셈하는 방향으로 흘러가고, 갈수록 사람과 사람 사이에 신뢰를 맺고 조금씩 배려하는 일이 어려워지는 듯하다.

이 글을 쓰는 나 또한 경쟁 사회 속에서 착한 사마리아의 삶을 고수하는 것이 마치 도태되어 가는 것 같아 때로는 두려울 때가 있지만, 강자에게 타협하지 않는 능력과 자존의 힘을 키우는 일, 가까운 이웃들에게 도움을 베푸는 일 그리고 사회적 약자를 배려하고 존중하는 일은 공동체를 위해 죽을 때까지 고민해야 할 과제이자 숙제이다.

파리 한인 개척교회 신앙교사 사역 마지막 날 제자들과 함께, 2019

유럽 건축기행 1 롱샹

We Rise by Lifting Others

"인류를 위해 나는 과연 무엇을 했고 무엇을 할 것인가?

모든 것은 결국 사라지고 만다. 전해지는 것은 오직 사유뿐이다."

- 르 코르뷔지에

2018년 1월, 안개비가 내리던 쌀쌀한 날씨의 파리였다. 주중엔 파리 건축학도로서, 주말엔 학생들의 목자인 신앙교사로서의 삶을 산 지 벌써 2년이 흘렀다. 파리에서도 쉼 없이 달려온 나는 유럽 건축기행을 위해 휴학을 하기로 했다. 학부 과정에서 배울 수 없는 건축의 현장성을 체험하고 답사를 통해 세계적인 건축물들을 조금 더 깊게 탐구하고자 했다. 프랑스로 가야겠다는 큰 동기부여가 되었던 르 코르뷔지에의 롱샹 성당을 보기 위해 아침 일찍 카메라와 스케치북, 간단한 생필품을 챙겨 파리 리옹역Gare de Lyon에 도착했다. 빗줄기는 점점 굵어져 한없이 쏟아져 내렸다. 커피를 한 잔 사 들고 기차에 올랐다. 창문 바깥으로 보이는 풍경은 안개로 뿌옇게 덮여 있고 굵은 빗줄기 소리가 창문을 뚫고 기차 안으로 들어왔다. 나는 매년 그래왔듯 새 다이어리를 폈다. 새로운 계획을 쓰기에 앞서 작년의 계획들을 천천히 되돌아봤다. 힘든 건축 학부 과정에서 좋은 성적을 이루는 것부터, 세계적인 건축가들과의 만남 그리고 교사라는 공인으로서 내가 맡은 학생들에게 모범이 되는 좋은 교사가 되는 것까지. 최근 2년간 테러와 각종 시위의 위협으로 정신없는 파리에서, 내가 지난 한 해 계획한 일들은 감사하게 아무 탈 없이 잘 이뤄져 가고 있었다.

한국에선 박근혜 정부의 최순실 게이트가 큰 쟁점이 되어 탄핵과 정권 교체로 이어졌다. 그리고 2018년 새해 첫날 북한 김정은의 신년사를 계기로, 남북한 평화를 위한 남북 정상회담은 그해 4월 말 새로운 역사를 썼다. 세계의 마지막 분단 국가라는 대한민국에서 전쟁 없는 평화를 원하는 나에게도 이 사건은 큰 의미를 주었다. 국가, 종교, 교육의 역할과 그 중요성을 다시 한 번 크게 깨닫는 시간이었다. 세상을 알면 알수록 새로운 세대를 위해 버팀이 되는 윗세대의 노력과 책임이 더욱더 무겁고 크게 다가온다. 나는 롱샹으로 향하는 비 내리는 기차 안에서 오늘까지의 나와 우리 사회의 현재에 대해 멍하니 깊은 사색에 잠겨 있었다. 나는 어디로 향하는가, 나는 이 모든 배움과 열정의 시간을 통해 무엇을 하고자 하는가. 내가 살아 있는 동안 다음 세대를 위해 무엇을 준비하고 남길 수 있을까. 새로운 해의 계획을 세우려고 다이어리를 폈던 나는 깊은 심연 속에서 죽음 이후에 남겨질 '나'라는 존재 의미에 대해 물었다. 사람은 육체를 입고 100년간의 정해진 시간을 살다가 이 땅에 묻혀 썩어 없어지지만, 그 사람이 걸어온 삶이 앞으로 살아갈 인류를 위해 무엇을 줄 수 있는지, 그리고 나라는 사람이 어떻게 인류의 삶을 더욱 좋게 할 수 있는지를 생각하고 또 생각했다. 한참을 긴 생각에 잠겨 있었던 것 같다. 그러다 창밖으로 쏟아지던 비가 그쳤다. 화창한 빛이 나를 비출 때쯤 나는 롱샹에 도착했다.

6시간 걸려 도착한 롱샹에서 하룻밤을 보내고, 다음 날 아침에도 나는 안개 자욱한 작은 시골 마을 롱샹에서 르 코르뷔지에의 작품을 보기 위해 성당이 위치한 산꼭대기로 걸었다. 프랑스 시골 길을 걷고 또 걷다 보니 녹색 롱샹 성당 표지판이 보였다. 표지판이 가리키는 방향에 우거진 숲 사이로 길이 보였다. 그 산길을 따라 언덕을 끝없이 오르니 그 꼭대기에 상상하던 것보다 더 큰, 하얀 노아의 방주처럼 보이는 성당이 자리하고 있었다. 나는 자욱한 안개에 덮인 르 코르뷔지에의 걸작을 멍하니 바라보았다. 그의 근대주의적 건축 이론과는 전혀 다른 자유로운 곡선 지붕과 파사드마다 완전히 다른 형태인 롱샹 성당의 주위를 천천히 둘러보았다. 막중한 백색의 매스가 떠받치고 있는 게 껍질 모양의 육중한 콘크리트가 나를 압도했다. 종교 시설이 주는 경건함과 조형적 아름다움이 주는 건축적 울림을 다시 한 번 느꼈다.

나는 아무도 없는 성당 내부로 조심스레 들어갔다. 깜깜한 성당 내부 콘크리트 구조 사이로 스며드는 빛과 형형색색 들어오는 찬란한 빛이 나를 안아주었다. 교회 장의자에 앉아 기도를 드렸다.

"이 땅에 더 존재하지 않는 이의 작업이 새롭게 살아가는 이의 마음을 울리고 꿈을 꾸게 함과 같이, 제가 죽고 나서도 나의 삶과 나의 작업이 한 생명의 삶을 밝히고 살리는 데 쓰이게 하소서."

온몸에 전율이 흐를 정도로 무거운 경건함을 느끼게 하는 공간에서 나는 나 자신을 성찰했다. 그리고 두 눈을 감고 이곳으로 오는 기차 안에서 떠올렸던 수많은 질문에 답을 구하는 기도를 드렸다.

눈을 떠보니 마치 나의 기도에 응답하신 듯, 기둥을 타고 들어온 빛이 나를 비추었다. 기도를 마치고 성당 내부 곳곳을 사진으로 담았다. 성당 내부에서 한참 건축과 교감하며 시간을 보내고 성당 바깥으로 걸어 나왔다. 안개가 걷히고 구름 사이로 태양이 빛나고 있었다. 그제야 보이는 롱샹 시내와 자연과 성당의 조화. 그것은 말로 표현할 수 없는 아름다움이었다. 건축은 형태를 비추는 빛이 그림자를 만들 때 비로소 그 아름다운 형태를 드러낸다. 르 코르뷔지에가 그동안의 건축관을 깨고 나와 보여준 형태에 대한 자유와 공간을 통해 실현한 '풍경의 음향학'은 그 자체로 위대한 예술 작품이었다. 롱샹을 마주한 그날, 글과 설계로 배운 그동안의 모든 건축적 담론을 보여주는 그곳에서 지금까지와는 다른 실체적 경험이 나의 가슴을 울렸다. 한 영혼을 깨우는 가르침, 한 사람의 영혼을 울리는 메시지를 전하는 일은 인간의 노력만으로 되는 것은 아닐 테다. 그저 최선을 다하여 오늘 주어진 삶에 집중하고 매 순간 아이 같은 마음으로 좋은 건축을 짓고자 하는 열정과 진정성을 작품에 드러내면 되는 것이 아닐지.

·

아, 좋은 삶을 짓고 좋은 건축을 짓는 것은 날이 갈수록 무거운 십자가다. 내 삶과 내 작품은 매일 매 순간 허점투성이다. 눈을 감는 그날 혼이 담긴 작업 하나 남길 수 있다면 더할 나위 없이 좋을 게다.

르 코르뷔지에 롱샹 성당 굴뚝, 2018

르 코르뷔지에 롱샹 성당 외부, 2018

유럽 건축기행 2 바르셀로나

Order and Chaos

"나는 아름다움과 추함, 질서와 혼돈이 사물의 원천적 속성이 아니라고 경고하고 싶다.
오직 우리의 상상력에 의해서만 사물이 아름답거나 추하거나,
질서정연하거나 무질서하다고 할 수 있다."

- 바뤼흐 스피노자

2년간 근대 건축 스튜디오 작품 활동에 르 코르뷔지에만큼이나 영향을 받은 건축가가 있었다. 4대 근대 건축가 중 하나인 미스 반 데어 로에였다. 'Less is more.' 간결한 것이 더 아름답다는 그의 건축 철학은 2년간 나의 건축 프로젝트의 근원이었다. 바르셀로나 파빌리온이 위치한 스페인 바르셀로나에 또 한 명의 위대한 건축가가 있다. 바로 천재 건축가로 알려진 안토니 가우디Antoni Gaudi이다. 그는 '직선은 인간의 선이고 곡선은 신의 선이다'라고 말하며, 기능주의 건축과 대조되는 아르누보 스타일을 추구하는 미술 공예운동에 기원한 건축가이다. 어떻게 같은 시대에 이리 다른 갈래의 건축이 지어졌을까. 봄바람이 살랑 불던 2018년 3월, 나는 스페인 바르셀로나로 향했다.

스페인은 한때 전 세계 패권을 장악했던 역사상 가장 강력한 제국이었다. 15세기부터 19세기까지 아메리카 대륙, 필리핀 제도, 유럽, 아프리카, 오세아니아 등 방대한 영토를 다스렸고 16세기엔 당

대 가장 강력한 제국 중 하나였으며, 18세기 최전성기엔 '해가 지지 않는 제국'이라고 불릴 정도로 영광을 누린 국가이다. 오늘날 스페인어는 UN, EU를 비롯한 여러 국제기구의 공용어로 지정되어 있고 언어 사용 인구가 중국에 이어 세계 2위이며, 원어민 구사자가 5억 명을 넘는다. 현재는 건강국가지수와 근미래 기대 수명 1위라는 영광을 얻었고, 세계 관광 경쟁력 평가 1위에 오르기도 했다. 이와 함께 스페인은 태양열 발전 세계 1위에 빛나는 신재생 에너지 선진국, 세계문화유산 보유국 세계 3위, 와인 생산국 세계 3위이며, 역사상 최고의 문학으로 칭송받는 작품 《돈 키호테》의 나라이기도 하다. 살바도르 달리, 파블로 피카소, 안토니오 가우디 등 세계사를 뒤흔든 인물들의 나라다. 무엇보다 스페인은 한국과 흡사한 나라이다. 무능한 정부가 빼앗긴 주권을 국민들이 되찾았고 독재 정권이 들어서면서 나라는 황폐해졌으나 세계에서 무시하지 못할 경제 대국으로 성장하였다. 그리고 현재는 과거 빠른 경제 성장으로 성장통을 겪고 있다는 점까지 닮아 있다.

비행기 창문 너머로 세르다의 바둑판 도시가 보일 즈음, 나는 경악했다. 바르셀로나 윗동네 그라시아 지구와 아랫동네 고딕 지구 사이 공간에 자로 잰 듯 짜인 정사각형 계획 도시의 정갈함에 놀라움을 금할 수 없었다. 이 도시 계획은 1800년대 중반에 이루어졌다. 19세기 중반 유럽, 당시 부르주아 계급이 자본을 잠식하여 새로운 지배층으로 자리잡았고 자본주의의 발달은 필연적으로 노동자 계급의 양적 증가를 가져왔다. 노동자 계급은 일할 곳을 찾아 도시로 몰렸으며, 무분별하고 무질서한 도시 성장은 질병의 확산과 범죄를 야기했다. 그리하여 1859년, 바르셀로나의 공직자들은 도시 계획을 공모해 일데폰스 세르다Ildefons Cerdà 의 아이디어를 채택했다. 세르다는 바르셀로나의 신시가지를 정사각형으로 구획을 나눠 '에이샴플라Eixample'라는 건축물을 설계하고, 중간에 정원을 만들 공간을 두어 친환경적으로 설계했다. 그리고 그 공간에서 사람들이 소통을 통해 삶의 질을 높이고 어느 건물에서든 햇빛을 받을 수 있도록 설계하여 질병의 확산을 막았다. 또한 인도를 차도보다 넓게 만들어 보행자에게 쾌적함을 주었다. 나는 인간을 중심에 둔 도시 계획을 예술적으로 이뤄낸 세르다의 혜안에 놀랐고, 그다음으로 시크한 파리지앵들과는 다른 스페인 사람들의 활기 넘치고 다정다감한 인간미에 놀랐다.

프랑스보다 상대적으로 남쪽에 위치한 스페인의 거리는 따스했다. 나는 가우디의 성당을 보기 전 먼저 바르셀로나 파빌리온으로 향했다. 미니멀한 수평적 균형을 이룬 대리석 중심의 아름다운 파빌리온 연못이 나를 반겼다. 야트막한 연못 아래 자갈이 곱게 빛나고 있었다. 연못 오른쪽 벽을 따라 파빌리온의 내부로 들어갈 수 있었는데 외부 바닥과 내부 바닥이 같은 대리석으로 이어져 자연스레 내부로 빨려들어갔다. 내부는 전시실, 부속실과 풀Pool로 구성되어 있었다. 내부로 들어오자 견고한 바르셀로나 체어의 유연한 곡선과 단순미가 아름답게 다가왔다. 유리벽을 지나 화려한 오닉스 대리석 벽을 향해 걸었다. 오닉스 벽 끝에 있는 게오르그 콜베Georg Kolbe가 디자인한 누드 조각상이 시선을 압도했다. 평면적인 선과 면으로 구성된 공간에 입체적인 생동감을 주는 조각상을 한동안 바라봤다. 벽의 배치가 건축적 산책로를 만들어 산책하는 이들에게 순간순간 다른 장면을 만들어냈다. 철, 유리, 대리석이 조화를 이루고, 내부와 외부가 경계 없이 하나로 연결된 공간 시퀀스가 아름다운 곳이었다. 나는 벽을 따라 걷고 외부로 나와 다시 입구로 향했다. 직선들의 연속에서 광활하고 정돈된 편안함을 느꼈다. 간결의 미, 미스의 파빌리온 속 고요함을 아직도 잊을 수 없다.

가우디의 사그라다 파밀리아 성당은 미스의 간결한 직선과 정반대로 마치 살아 숨쉬는 거대한 생명체 같았다. 육중한 몸체와 극한의 정교함이 주는 공포감 혹은 광기 같은 것이 느껴졌다. 녹아 흐르는 것만 같은 돌덩어리, 드높은 첨탑 그리고 지붕 끝에 올라앉은 과일에 압도당했다. 성당은 크게 탄생과 수난, 영광을 의미하는 3가지 다른 파사드로 이루어져 있었다. 성경 속 모든 인물이 살아 숨 쉬는 듯한 조각들의 디테일은 카탈루냐 장인 조각가들이 흘린 땀과 노력을 보여주고 있었다. 사그라다 성당 전체를 보기 위해 바로 앞 공원으로 걸었다. 그제서야 눈에 들어온 사그라다 파밀리아의 전체 모습을 한참 멍하니 바라봤다. 천혜의 대자연 경관을 바라보는 기분을 느꼈다. 미스의 질서정연한 건축에서는 느낄 수 없는 감동의 혼돈에 빠져 한참을 헤엄쳤다. 정신을 차리고 성당 내부로 향했다. 황홀한 빛의 향연과 높게 뻗은 나무들이 낙원의 숲을 이룬 것처럼 보였다. 그리스 신화에 나오는 천국의 모습이 펼쳐져 눈을 감았다. 롱샹에서 느낀 울림과는 또 다른 울림이었다. 가우디의 혼, 그 울림 속에서 숨을 들이마시고 내뱉었다. 마음으로 기도를 드린 짧은 시간에 받은 그 울림이 아직도 생생하다.

나는 역사는 거대한 두 가지 개념, 혼돈과 질서가 서로 대립하며 균형을 맞춰 왔다고 생각한다. 자연과 사람, 음과 양, 동양과 서양, 자유와 평등, 가능성과 안전성, 이 대립이 균형을 맞춰 새로운 창조로 이어졌다고 생각한다. 바르셀로나에서 만난 가우디와 미스 반 데어 로에라는 두 건축가 또한 대조되는 철학을 작품을 통해 보여주고 있다. 어떤 건축이 더 아름답냐는 질문은 잘못되었다. 두 작품은 있는 그대로 아름답다. 시간이 흘러 사람들은 작품이 가진 특성을 분석해 양식form이나 주의ism 등으로 분류하나, 두 작품 모두 아름다운 작품임은 분명하다. 나는 자유를 바라지만 무책임한 사람이고 싶지 않다. 내가 세운 원칙을 지키되, 타인으로부터 압제당하고 싶지 않다. 나의 영혼의 소리에 귀기울여 더 많은 영혼을 살리고 싶다. 이것을 지키기 위해 끊임없이 자기 성찰하고 필요하다면 타협하지 않고 투쟁할 것이다. 내 건축의 궁극적 목표는 아름다움과 영혼을 깨우는 것이다. 그것은 기하학적 정형의 모습일 수도 있고 때로는 자유로운 비정형을 띠기도 할 것이다. 궁극적인 목표를 위해 관념에 매이지 않고 늘 깨어 객관적으로 분석하리라. 무한한 창의성으로 낙원에 가깝고 지옥으로부터 먼 곳을 창조해내리라.

낙원- 하나님의 나라란 무엇일까. '이는 마치 겨자씨 한 알 같으니, 이는 모든 씨보다 작은 것이로되 자란 후에는 풀보다 커서 나무가 되매 공중의 새들이 와서 그 가지에 깃들이느니라'(마태복음 13:31-32)라는 성경 구절이 가슴을 울린다. 작은 시작에서 위대한 것들이 자라날 것이다.

가우디 사그라다 파밀리아 전경,2018

미스의 바르셀로나 파빌리온, 2018

"당신이 바라는 진정한 자신의 모습은
당신이 지금 바라보는 현실 즉 질서 너머에 있다."

손문

유럽 건축기행 3 베를린

Banality of Evil

"정의는 기억 속에서 살아 움직인다. 정확한 역사를 억압하고,
의도적으로 망각하려는 것은 아마도 인류의 최대 위협이다. 우리가 온전히 사람답게
살려면 과거의 아픔을 정면으로 받아들이고, 역사에서 배운 대로 행동에 옮겨야 한다."

- 스티븐 스필버그

나는 파리 건축학도와 신앙교사를 병행하면서 더욱 인간의 삶에 본질이 무엇인지, 건축의 본질은 무엇인지 끊임없이 자문했다. 정의롭고 살기 좋은 공동체의 이상향을 그리며, 그 이상과 달리 이해할 수 없는 현실의 문제를 어떻게 건축을 통해 해결할지 거듭 고민했다. '건축은 인간을 위한 기계'라고 했던 르 코르뷔지에의 말처럼 건축은 인간을 위해 지어진다. 그러나 건물은 지어짐과 동시에 우리 인간을 만들고 또 사회를 변화시켜 왔다. 결국 우리 사회에 낙원(보다 더 좋은 사회)을 기획하고, 인간의 삶을 보다 좋게 만드는 것이 건축과 건축가의 본질이어야 한다. 하루는 주일 날 교제 나눔 시간에 제자가 내게 질문했다.

"선생님, 신이 존재하는데 왜 우리의 역사에 그렇게 많은 전쟁이 있었고, 홀로코스트와 같은 대학살이 있었나요? 전지전능의 하나님은 왜 그것을 막지 않은 건가요?"

그동안 학생들의 질문에 명쾌하게 답해 왔던 내가 유일하게 답하지 못한 질문이었다.

"덕진아, 선생님이 이번 주 동안 생각해보고 다음 주에 답변해줘도 괜찮을까?"

"네, 알겠습니다."

나는 세상에 해결되지 않는 문제와 그에 대한 기준이 되는 성경을 통해 공공의 선을 찾고자 했다. 그 선은 나의 행동에 대한 옳고 그름을 스스로 분별하기 위한 정의자 우리 사회 속 문제의 원인을 파악하고자 했던 정의였다. 이것은 국가와 국가의 관계, 국가와 개인의 관계, 집단과 집단, 사람과 사람 간의 합의점이 되는 법과 제도, 나아가 현실의 정의에 관한 탐구였다. 모든 집단은 이익을 위해 서로 협력하기도 하고 긴장감을 유지하기도 한다. 그 긴장의 정도는 모두 다르겠지만 그것이 어떤 이념적 이유든 한 인간의 생명을 죽이는 일이 돼서는 안 된다는 것만큼은 모두가 인정하리라.

학생에게 질문을 받은 그 다음 주, 나는 우연히 유대인 홀로코스트 박물관이 있는 독일 베를린으로 향하고 있었다. 파리와는 다르게 투박하고 견고한 독일인들의 정서를 담은 도시가 나를 반겼다. 베를린의 넓은 도로 폭과 높은 가로수는 옛 마차를 기준으로 계획된 좁은 도로를 가진 파리의 모습과는 사뭇 달랐다. 베를린에서 하룻밤을 보내고 다음 날, 나는 다니엘 리베스킨트Daniel Libeskind의 유대인 홀로코스트 박물관에 방문했다. 다니엘 리베스킨트의 건축 철학은 기존 공식의 타파와 상식의 과감한 혁신으로 요약된다. 그동안 공간의 합리성, 즉 장식을 배제한 미니멀한 기능주의를 기반으로 설계를 해온 나에게 그의 작품은 기존의 관념으로부터 나를 해방시키는 경험이었다. 유대인 박물관은 티타늄과 아연으로 외벽을 덮고 건물이 지그재그 형태로 배치되어 있었다. 성냥갑 같은 사면체 건축을 탈피한 미로 같은 설계와 함께, 내부는 조명 하나조차 신중하게 설치해 무거운 분위기를 끌어냈다. 박물관은 입구를 따로 두지 않고 바로 옆 베를린 박물관 지하로 연결되어 있었다. 바로크 양식 건축과 현대 건축의 공간적 연결을 통해 과거와 현재를 잇고자 했던 그의 작품은, 건축적 시야의 폭을 넓히고자 했던 내게 큰 충격을 주었다.

지하를 통해 발들인 박물관은 평탄한 기존의 건축적 동선이 아닌 경사진 미로로 이루어진 보다 어둡고 불편한 건축이었다. 낮과 밤이 잘 분간되지 않는 수용소에서 유대인들이 겪은 심적 고통을 간접적으로 체험하게 하려는 건축가의 의도였다. 미로를 따라 걷다가 2층 한구석에 있는 '기억의 공백'이라는 작은 전시 공간을 발견했다. 공간을 마주한 나는 가슴이 먹먹해졌다. 이스라엘 조각가 메나쉐 카디쉬만Menashe Kadishman의 작품 '낙엽'이 전시된 이 공간의 바닥에는 쇠로 만든 각기 다른 표정의 얼굴 모양 1만 개가 널려 있었다. 작품 위를 천천히 디뎠다. 밟을 때마다 울리는 차가운 쇠의 마찰음은 고통에 찬 유대인의 비명과 같았다. 나는 한두 발 걷다 걸음을 포기했다. 인간에게는 양면성이 공존하지만 한 인간의 오만함이 이토록 수많은 생명을 앗아갈 수 있을까. 몸으로 직접 경험한 역사는 아니라 해도 잠깐 생각에 잠겨 그 자리를 떠날 수 없었다. 멍하니 서 있는데, 문득 제자의 질문이 떠올랐다. 그리고 작은 목소리로 스스로에게 물었다.

'신은 존재하는데, 왜 이토록 잔인한 학살을 보고만 있었을까.'

나는 유신론자이고 건축가다. 개신교가 예수 그리스도의 사건을 통해 우리에게 주는 교훈은 율법을 지키지 않는 자를 인간의 판단으로 처벌하는 오만함과 예수의 헌신이 일깨워주는 우리 인간이 잃어가고 있는 사랑이다. 예수를 십자가에 못박은 유대인들이나 예수와 사도들을 죽인 유대인들을 반유대 감정으로 선동해 대학살을 한 히틀러. 홀로코스트라는 역사를 통해 오늘날 우리가 배운 것은 '인간의 불완전함'이다. 국가와 종교 등 하나의 이념으로 뭉친 집단이 특정한 사람을 악으로 단정하고 자신들의 이념이 옳다고 주장하는 모순, 즉 '인간의 오만함'이다. 이데올로기와 종교는 어떠한 이유든지 개인의 생명을 보호하기 위한 가치일 뿐, 결코 그 잣대로 한 생명을 억압하거나 죽음으로 내몰아서는 안 된다. 그리고 개인은 자신을 보호하기 위해 모은 권력 집단의 양면성을 직시하고 분별력과 경각심을 가져야 한다. 나치 공무원으로서 권위자의 명령이라는 이유로 법과 행정 절차를 그대로 이행해 600만 명을 학살한 아이히만Otto Adolf Eichmann의 '악의 평범성'은 우리가 배우고 깨어 있어야 할 이유를 일깨워 준다. 성경을 깊이 알수록 자기 자신의 부족함이 보이고 남을 판단하는 일은 더욱 조심스러워진다. 예수 그리스도는 자신의 희생이 누군가를 죽이는 수단으로 쓰이길 바라지 않았을 것이다. 완전한 신이 육체를 입고 먼저 보여준 희생과 인류를 위한 사랑과 헌신을 통해 더욱 서로 사랑하기 위함이었을 것이다. 자본주의 경쟁 사회에서 우리가 점점 잃어가는 연대와 사랑, 공동체 의식- 나는 가시적으로 완벽한 삶을 좇아온 나 자신의 오만함을 되돌아봤다.

그렇게 한동안 생각에 잠겨 있다가 박물관 바깥으로 걸어나왔다. 한동안 어두운 박물관에 있다가 나서니 '추방의 정원'이 나를 반겨줬다. 높은 축의 기둥 위로 올리브 나무가 가지를 뻗고 있었다. 올리브는 신화에도 나오듯 번영과 평화, 희망을 상징하는 식물이다. 저 높이 뻗은 올리브 나무가 남북한의 평화를 바라는 내게 희망을 주고 있었다. 박물관에서 멀지 않은 곳에 있던 피터 아이젠만 Peter Eisenman의 유대인 추모 공원 또한 잊을 수 없는 장소였다. 유대인 박물관은 무겁고 아픈 현장을 온몸으로 체험할 수 있었다면, 추모 공원은 많은 시민이 접하기 편한 곳에 위치해 있었다.

공간으로서 메모리얼이란 전쟁이나 테러와 같은 사회 폭력, 자연재해, 재난의 비극을 추모하고 도시를 회복시키는 의미를 갖는다. 거대한 콘크리트 비석들이 나열된 공원 안으로 걸었다. 걸을수록 콘크리트 비석의 높이가 높아지면서 거대한 콘크리트 벽 안으로 잠겨들었다. 좌우와 앞뒤로 배치된 2,711개의 답답한 콘크리트 벽 사이를 아이들은 숨바꼭질을 하면서 뛰어다녔다. 메모리얼이 주는 슬픔 속에 밝은 아이들의 웃음소리가 내게 희망이 되었다. 역사를 통해 새 희망을 짓는 건축은 내게 또 다른 울림으로 다가왔다. 단순히 공간 분위기로서의 울림을 넘어 새로운 생명의 희망을 주는 건축은 내 건축관에 중요한 가치로 새겨졌다. 아픈 역사를 직시하고 또 다시 그것을 반복하지 않도록 공간을 통해 사람들에게 희망을 주는 것이 건축가의 사명이다.

인간은 위대하나 동시에 불완전한 존재다. 이를 인정할 때 우리는 더 나아갈 수 있다. 그리고 불완전한 인간이 이 땅에서 살아갈 100년의 짧디짧은 시간 동안 자연과 사람이 분쟁 없이 화합하여 함께 어우러져 살 수 있도록 돕는 것이 건축이다.

베를린 유대인 추모공원, 2018

유럽 건축기행 4 밀라노 트리엔날레

Living with Climate Change

"자연과 가까울수록 병은 멀어지고, 자연과 멀수록 병은 가까워진다."

- 괴테

인간의 오만함으로 일어나는 전쟁과 빈곤, 테러와 같은 문제만이 나의 관심사는 아니었다. 내가 더 깊이 관심을 가진 것은 인류의 시작점이 되는 자연이었다. 이마에 땀이 송송 맺혔던 5월 어느 날, 나는 밀라노로 향했다. 이탈리아에서 2년마다 열리는 베니스 비엔날레와 3년마다 열리는 밀라노 트리엔날레는 국제 사회의 인권, 환경, 기술과 문화 융합에 관한 디자인 포럼으로 매회 전 세계의 인파가 몰린다. 나는 건축 교수님의 추천으로 밀라노 트리엔날레 건축 위크에 참석했다. 이탈리아 건축가 스테파노 보에리Stefano Boeri Architetti가 주최하는 세계적인 건축 위크엔 OMA의 렘 콜하스, 일본 프리츠커 수상 건축가 시게루 반 등이 초청 강연자로 참석했다. '부서진 자연Broken Nature'이라는 주제로 세계 곳곳에서 디자이너, 조형작가, 건축가들이 모였다. 기술 발전으로 4차 산업혁명을 향해 나아가는 미래 인간 사회의 지속 가능성에 대한 다양한 전시와 강연을 경험할 수 있었다. 건축가들이 중심이 되어 과학 연구자, IT 개발자, 작가들과 협력해 새로운 도시를 제안했다. 세계의 전문가들은 자연과 함께 더불어 살며 숨 쉬는 도시 계획과 하나의 생명 유기체로서의 건축 도시를 실현시키기 위해 인류의 미래산업 최전방에서 고민하며 연구, 개발, 계획을 거듭하고 있었다.

밀라노 트리엔날레 야외 강단 위에 헌칠한 일본 건축가 시게루 반이 걸어 올라왔다. 그는 인간미 있는 호탕한 웃음을 지으며 지금까지 종이를 건축 재료로 활용한 교회와 건축을 덤덤히 소개했다. 그는 일본의 잦은 지진을 통해 배운, 재난을 이겨내고 동시에 친환경적이며 사회 환원적인 건축을 통해 프리츠커상을 받았다. 그는 지관(나무 파이프)으로 조립 해체가 가능한 건축물을 만들고 그 기술로 난민들이나 임시 주거가 필요한 이들을 위한 공익 프로젝트에 힘써 건축가의 사회적인 역할을 제시했다. 그는 근대 4대 건축 거장인 핀란드 건축가 알바 알토Alvar Aalto의 전시에 예산 문제로 나무 대신 종이를 사용한 것을 계기로 종이 건축물에 대해 연구하게 되었다고 말했다. 그 후, 그는 1994년 르완다 내전 때 유엔난민기구UNHCR와 함께 200만 명의 난민을 위해 종이로 임시 거처를 만들며 점점 종이 건축의 한계를 깨 나갔다. 그는 특별한 지관으로 교회와 학교를 지으며 건축 재료가 친환경적일 수 있다는 새로운 가능성을 제시했다. 그의 작품을 통해 나는 자연환경을 하나의 광경이자 예술 작품으로 담으려 했던 건축관을 깨고, 자연과 함께하는 건축과 건축가의 사회적 역할에 대해 더욱 깊은 관심을 갖게 되었다. 밀라노 트리엔날레에는 화학 재료를 대체할 친환경 재료와 식품, 그것을 활용해 설계된 지속 가능한 도시 계획안들이 전시되었다. 나는 지금까지 접한 도시의 풍경이 만든 관념에서 해방되어 새로운 마스터플랜 속 새 삶을 상상했다. 날이 갈수록 악화하는 지구의 환경을 지키고, 다음 세대에게 더욱 건강한 도시를 만들기 위한 건축가들의 노력은 끊임이 없었다.

시게루 반의 강연이 끝나고, 안도 다음으로 꼭 만나고 싶었던 건축가 렘 콜하스의 콘퍼런스로 향했다. 학사를 졸업하는 마지막 해, 나는 근대주의로부터의 탈피를 목표로 현대 건축 설계 스튜디오를 준비하고 있었다. 하루는 학교 도서관에 있던《S, M, L, XL》라는 책을 읽었다. 기자 출신의 건축가가 쾌락주의화된 현대 도시의 문제를 비판하고 문제의 본질을 객관적으로 하나하나 짚어가며 건축으로 해결하려는 모습은 신선한 충격이었다. 그는 모든 과거 건축으로부터 오는 현대 사회의 정치, 경제와 같은 문제나 복잡한 조직이 가진 부패성을 건축을 통해 재편성하고자 했다. 현 사회의 구조적 문제를 강력히 비판하는 렘 콜하스의 '혁신'과 과거로부터의 '자유'에 나는 매료되었다.

나는 도시에서 태어났고 미국과 중국, 프랑스의 대도시에서 살아왔다. 내게 도시는 각각 관념화된 이미지를 가지고 있었다. 그 도심 속 살아가는 사람들의 삶 또한 정해진 모습을 하고 있었다. 렘 콜하스는 강연을 통해 근대 건축이 만들어놓은 도심 속 화려한 삶 내부에 숨겨진 어두운 그림자와 부패를 맹렬히 비판했다. 길들여진 도시가 만들어 내는 환경 문제, 점점 밀집되는 도시의 빈부격차 등 건축가로서 다양한 사회적 문제를 공간을 통해 재편성하려는 그의 노력은 많은 스타 건축가들의 비판을 받기도 한다. 그러나 그의 프로젝트가 지닌 '해체주의'는 시장을 더욱 활성화하기 위한 노력이자, 길들여진 제도권과의 투쟁이다. 형태만을 보았을 때는 이해되지 않는 현대 해체주의의 본질은 시장의 새로운 활력이자 부패한 도심의 회복이다.

형태의 합목적성, 시대의 유산, 자연과 아름다운 조화를 통해 울림을 주는 건축에 더불어 현상을 끊임없이 비판하며 새로움을 찾으려는 집요함, 이 모든 것이 내가 만난 현대 건축가 안도 다다오, 다니엘 리베스킨트, 피터 아이젠만, 시게루 반 그리고 렘 콜하스의 철학이자 나의 건축관이 되어갔다. 파리에서 졸업을 앞둔 마지막 해, 나는 새로운 현대 건축 스튜디오의 새 프로젝트에 그동안 배워온 것들을 담고자 계획했다. 나는 지난 한 해 동안 위에 언급한 건축기행뿐만 아니라 유럽 곳곳을 탐방했다. 세계적인 건축가들을 만났고 그들이 작품을 통해 인류에게 던지는 화두 하나하나를 깊이 탐구했다. 그 만남과 배움이 축적되어 미래 세계의 건축가로서 나는 현 시대에 어떤 건축을 남길지 찾아가고 있었다.

이 순간 끊임없이 배우며, 멈추지 않고 나만의 건축을 만들어가리라. 인류와 환경을 회복시키며, 한 인간의 삶이 살아 숨 쉬는 생명을 살리는 건축을 하리라. 다짐하고 또 다짐해본다.

밀라노 트리엔날레 아크위크, 2018

마지막 유럽 건축기행 스위스

Awkening the Soul

"세상이 좋아하라고 하는 것을 그대로 받아들이기보다
네가 무엇을 좋아하는지 아는 것이 네 영혼을 살아 있게 한다."

- 로버트 루이스 스티븐슨

소명을 발견하는 것, 영혼을 깨우는 것, 한 생명을 살리는 일. 나는 이를 위해 끊임없이 도전하고 자문하며 자기 성찰을 실천으로 옮겨 왔다. 추상적이고 무거워 보이는 이 일은 거대한 우주 속 점 하나의 작은 생명체인 태생胎生으로부터 시작되었다. 나라는 생명이 어머니의 뱃속에서 창조되어 지구에 태어났고 세상을 마주했다. 내가 보다 근본적이고 본질적인 질문을 하는 이유는 세상을 마주할수록 모든 평안과 행복이 내면의 변화로부터 시작되는 것을 경험해 왔기 때문이다. 살아 있는 영혼이 가진 강한 생명력은 어떤 상황을 마주해도 다시 일어서는 힘이었으며, 시간·공간·사회 구조적 제약에서 나의 존재 목적을 끊임없이 묻게 한 힘이었다. 한 생명이 살아 숨쉬고 싶다는 발버둥이 모든 것을 변화시켰다.

유럽 건축기행을 마치고 파리로 돌아온 나는 그동안의 기록과 이미지를 하나씩 정리하며 나의 건축 혹은 창조의 목적을 찾았다. 그것은 '영혼을 깨우는 건축'이었다. 세계적인 근현대 건축가들이 이뤄낸 산업화 이후 기술 혁신과 복잡해진 도시 프로그램을 재편성한 그들의 지적 산물이 놀라웠다. 그러나 내 기억 속 가장 큰 충격과 울림을 준 것은 인간의 본질을 형태화한 건축이었다. 역사 속 관습과 타성을 씻어내고 보다 인간의 본질에 가까운 건축물을 짓는 이들의 작품만이 머릿속에 남아 있었다.

이태리 북부 코모에 인접해 있는 스위스 모그노, 알프스 준령 산골짜기 아주 작은 마을에 건축가 마리오 보타의 산 지오반니 바티스타 교회는 건축기행의 끝으로 방문한 곳이었다. 강원도 한계령과 같은 길을 올라가다 보면 언덕 위에 실린더를 자른 듯한 신성한 교회가 보인다. 이곳에 17세기부터 자리를 지켰던 교회가 1986년 눈사태로 무너지고, 그 자리에 새로운 교회를 짓기로 하여 그 설계를 마리오 보타Mario Botta가 맡았다. 하지만 설계 진행이 매우 더뎌 1994년이 지나서야 착공되었다고 한다. 무너진 교회의 잔해에서 종 2개가 발견되어 그것을 살려 재사용했다고 한다. 교회 부지는 산중턱을 지나는 도로 모그노Mogno의 서측에 있었다. 동측에서 서측으로 경사져 내려가는 이곳에 부지 남측에는 교회 건물이 있고 서측에는 입구의 원형 마당이 있었다. 산 지오반니 바티스타 교회는 매우 기하학적인 평면을 가졌다. 타원형 실린더에 직사각형의 공간을 집어넣었고, 상부에서 실린더를 비스듬하게 잘라내어 원형의 큰 지붕창을 만들었다. 버트레스(Buttress 벽체가 쓰러지지 않도록 지탱하는 부벽) 형태의 아치는 실내외를 관통하며 미래의 산사태 같은 재앙을 견디는 역할을 하도록 했다.

바닥 면적 123㎡의 교회 내부에는 15명 정도의 인원을 수용하는 두 줄의 신도석만 있었다. 맞은편에 제단이 있고 그 위에 예수상, 옆벽 성수대 위에는 성모상이 있었다. 다소 간결하고 단조로운 공간이었다. 버트레스가 시작하는 서쪽에 입구가 있고 동쪽에 제단이 있었으며, 타원형의 외벽에 직사각형 예배당이 들어앉아 있었다. 그리고 정사각형을 빗겨 포개면서 제단과 입구 홀을 동쪽과 서쪽에 각각 니치 형태로 만들었다. 버트레스를 지지하는 입구 홀의 원형 기둥은 장변과 단변이 각각 15m와 11m 정도였다. 내부의 직사각형 예배당은 위로 올라가면서 타원형 실린더(Cylinder, 속이 빈 원통 모양) 내벽에 흡수되듯 형태가 소멸되는 설계상 매우 어려운 표면 형태였다. 실린더는 서측을 향해 비스듬히 깎이는 형태로 동측이 높아지고 그 위에 유리 지붕이 놓인다. 유리 지붕은 버트레스 선상에서 둘로 갈라져 있고, 나뭇가지 모양의 쉐브론 메탈 프레임을 사용했다.

외부에서 보면 단순한 타원 통처럼 보일 수 있으나, 벽체는 동굴처럼 처리하여 아랫부분은 두텁고 윗부분은 얇아졌다. 제단 배경과 양측 니치는 산속의 동굴 같아 보였다. 사각형에서 타원으로 변형된 표면은 설계상 어려운 마감의 흔적을 볼 수 있었다. 그의 스승 이탈리아 베니스의 건축가 카를로 스카르파Carlo Scarpa의 브리온 묘를 연상시키는 버트레스가 가장 인상적이었다. 빛을 끌어들이는 원형 지붕 사이 버트레스의 그림자가 교회 내부에 추상적 작품을 그렸다. 가장 본질적인 건축에 가깝다고 생각한 이 공간에서 나는 롱샹과 사그라다 파밀리아와는 다른 무언가를 느꼈다. 이 지역에서만 나는 석재 마감재료인 검정 화강암과 하얀 대리석에서 느껴지는 자연과 합일된 무한한 신성함이었다. 마리오 보타가 말한 '기능적인 부분은 매우 제한적이다. 반면에 은유적이고 창조적인 목적은 광대하다'는 표현이 잘 스며든 곳이었다.

그는 기독교, 유대교, 이슬람교를 넘나드는 자신의 종교적 건축물에 대해 종교가 지닌 믿음의 속성과 건축이라는 창조적인 일에 대한 믿음이 분리되어야 한다고 말했다. 매 순간 자신의 한계를 깨고 더 높은 수준의 결과를 내겠다는 믿음은 신에 대한 숭고한 믿음과는 다를 것이다. 그러나 인간의 영혼을 향한 그의 끝없는 열정과 연구에 담긴 하늘의 뜻을 세상에 전달한다면 종교적인 건축이 아닐지라도 한 영혼을 깨울 것이다. 한 인간의 숭고한 노력과 자신의 한계에 끊임없이 부딪쳐 일궈내는 창조는 고귀하다. 그 순수한 생명력이야말로 누군가의 꿈을 일깨우고 도전하게 하며, 죽어가는 한 영혼을 살리는 일이 아닐지. 나는 이 생명이 가진 아름다운 힘을 믿는다. 그리고 눈에 보이는 현실만이 다가 아니며, 우리 내면에 있는 영혼과 마주할 때 진실을 볼 수 있다고 믿는다.

"나의 건축과 글이 담은 '혼'의
궁극적 목적은 '영혼'을 깨우는 일이다."

손문

파리 시공감리자와 건축 설계 디자이너

The Proof Is in the Pudding

"훌륭한 가르침은 1/4이 준비 과정 3/4은 현장에서 이루어진다."

- 게일 고드윈

프랑스 건축학부를 졸업하기 위해선 건축 시공 현장실무와 건축 설계 디자이너로 일한 경험이 반드시 필요하다. 국가에서 인증된 건축가는 의뢰인의 건축 설계를 받는 시점부터 완공되는 날까지 전체를 총괄하는 프로젝트 리더이다. 건축 과정은 크게 3단계로 나눌 수 있다. 시작은 대지를 확보한 건축주 혹은 의뢰인이 원하는 건축을 건축가와 협의하는 것이다. 이를 통해 건축가와 프로젝트 팀은 건축 설계를 진행한다. 두 번째, 설계가 완료되면 건축사의 허가를 통해 건축 허가를 받는다. 마지막으로, 협의를 통해 건축 허가가 통과되면 착공 신고 후 시공업체와 함께 공사를 시작한다. 그 후에도 건축물대장 생성, 소유권 등기, 건축물 유지 관리 등 수많은 행정 절차가 있지만 크게 위 3단계로 진행된다. 파리 건축학부 과정 중에는 건축 설계 디자인에 초점을 두기에 현장에 갈 일이 없다. 그렇기에 프랑스 그랑제콜의 건축학도는 건축가가 되기 전 예외 없이 특정한 현장 경력을 쌓아야 한다. 유럽 건축기행을 다녔던 시간 외에, 나는 휴학 기간 동안 파리에 있는 건축 시공사와 건축 설계 사무소에서 각각 시공감리자Construction Supervisor와 건축 설계 디자이너 Architectural Assistant로 실무 경험을 쌓았다. 우리가 흔히 아는 건축가는 한 건축사 사무소를 대표하는 총괄 건축가Principle of Architecuture Firm를 의미한다. 대형 건축사 사무소 내 부서도 3가지로 구분할 수 있다. 첫 번째는 '건축의 꽃'이라 불리는 건축 설계 디자인 팀이다. 두 번째는 화려한 건축 설계 디자인이 실제로 지어질 때 문제가 없는지 판단하는 건설 엔지니어링 팀이다. 마지막은 각종 행정 절차와 클라이언트를 상대하는 경영팀이다. 대부분의 건축학도는 단기간에 일을 경험하기 위해 교수를 통하거나 건축 관련 종사자인 부모나 친인척의 소개로 일을 하게 된다.

무더운 여름날, 나는 그동안 근대 건축 스튜디오에서 해온 합리주의 건축 작품들을 되돌아봤다. 그 후 프리츠커상을 수상한 현대 건축가들과의 만남과 그들의 작품을 보고 나만의 건축 비전을 그려가고 있었다. 내겐 현장의 경험이 반드시 필요했다. 건축이 매력적인 이유는 우리 사회를 끊임없이 탐구하고 배움과 동시에 현장에서의 변화를 직접 목격하는 창조이기 때문이다. 나는 건축 설계 일을 하기에 앞서, 파리에 있는 대형 건설 시공사에서 시공감리자로 일을 시작했다. 짧은 시간 동안 파리 주변에 지어지는 각종 근린시설, 목조 주택, 교회, 시각 장애인 학교 현장을 돌았다. 매일 아침 시공사 팀장과 함께 각종 공구와 체크리스트를 챙겨 파리 근교로 향했다. 현장 인부들이 건축 설계에 맞춰서 일을 제대로 진행하는지 감리하고 안전모를 쓰고 직접 기초 현장에 들어가 콘크리트 반죽 질기, 시공 연도, 성형성, 마감성과 펌프 이송성 등을 하나하나 측정해 가며 적합도를 감독했다. 이뿐만 아니라, 목조 주택의 경우 서로 다른 경량목 구조 공법과 중목 구조 공법에 따라 올바른 목재로 시공이 되는지, 조립 및 설치 과정에 이상이 없는지 감독하며 설계가 잘 구현되도록 도왔다. 시공감리자는 단순히 감독 역할만을 맡지 않는다. 필요한 부분이 있다면 체크하며 현장에서 직접 공구를 들고 시공에 참여하고 일손을 도왔다. 건축은 많은 인력이 함께 이상을 이뤄내는 과정이기에 많은 이해관계가 얽혀 있다. 아주 탁월한 설계안을 가진 건축가라도 그것을 실현시킬 자본을 가진 건축주나 현장에서 땀흘려 시공하는 시공사와 잘 협력하지 않으면 첫 기획과는 전혀 다른 결과가 나올 수 있다. 나는 시공감독자의 옷을 입고 때론 설계자의 시선으로 감리자가 되어 시공 인력을 도우며, 설계 스튜디오에서 채우지 못한 것들을 건축 현장에서 채워갔다.

시공감리자 일을 끝내고 다음으로 일한 곳은 파리 대형 건축 설계사 사무소 아틀리에 4+Les Atelier 4 plus였다. 파리뿐 아니라 프랑스 전역에 사무소가 있는 이곳에서 나는 본격적으로 건축 설계 디자인 업무에 참여했다. 처음 맡은 프로젝트는 대형 공업회사 사옥의 입구 홀을 디자인하는 것이었다. 경력이 없는 건축 설계 디자이너에게 홀 내부 전체 디자인을 맡기는 일은 드물지만, 그 당시 회사 내에 조직 재편성이 있었고 새로운 건축 프로그램을 도입한 지 얼마 되지 않았기에 총괄 건축가가 내게 꽤 중요한 설계를 맡겼다. 세계적인 건축가들의 작품에 익숙한 내 '건축관'으로는 당시 디자인 결과가 만족스럽지 않았지만 클라이언트와 총괄 건축가는 흡족해했다. 무엇보다 빠른 시간 내에 디테일을 높은 수준으로 마감하고 주어진 예산에 맞게 설계 디자인한 입구 홀은 회사 내 다른 건축가들도 놀랄 만큼 성과가 좋았다. 첫 프로젝트의 좋은 성과로 회사 외벽 파사드와 상업

센터 내부 등 더 큰 규모의 디자인을 맡으면서, 나는 짧은 시간 내에 총괄 팀장과 협의해 가며 프랑스에는 드문 '회식 문화'를 만들었다. 2주마다 큰 프로젝트가 성사되면 임원팀, 설계팀, 엔지니어팀 모두 좋은 식당으로 향했다. 설계 스튜디오서 마지막 날 총괄 건축가 케빈 Kevin은 언제든 다시 오라는 스카웃 제의를 했다. 그러나 파리의 대형 건축 설계 사무소는 프리츠커상을 꿈꾸는 나와 건축 방향성에서 차이가 있었기에 거절할 수밖에 없었다. 짧은 시간 200명 남짓한 규모의 대형 건축회사에서의 경험을 바탕으로, 설계 디자이너로서의 관점을 넘어 건축 설계 회사가 실제로 어떻게 운영되는지를 관찰할 수 있었다.

그곳에서의 시간은 대형 조직이 움직이는 과정과 건축이 진행되는 단계별 이해관계 속의 문제점 등을 파악하는 데 큰 자산이 되었다. 꼬리가 아닌 머리가 되어 내가 원하는 건축을 실현시키기 위해 꼭 배워야만 했던 프로세스였다. 머리로 아는 것과 다르게 현장에서 몸으로 배우며 건축가의 비전, 리더십과 인사관리 같은 보다 실무적인 경험이 나의 꿈을 더욱 구체화시켰다. 실제로 거대한 매스 덩어리와 아름다운 디테일이 실현되는 것을 보았을 때 그 감동은 말로 다 할 수 없다. 이것이 매일 밤을 새워 자신을 혹독하게 대해 가면서도 건축을 하는 이유가 아닐까.

끊임없이 나아간다. 비전을 세우고 채울 것 하나하나를 보다 촘촘하게 채워간다. 그러나 큰 산을 세우기 위해 아직도 채워야 할 것들이 많다. 그것이 내가 오늘도 읽고 쓰고 건축 프로그램과 코딩의 전문적인 강도와 수준을 높이는 이유일 것이다. 그러나 특정 직업

혹은 직무인 시공감리자나 건축 설계 디자이너로 나를 규정하고 싶지 않다. 끊임없이 새로운 아이디어로 혁신을 창조해 나가는 사람으로, 하나가 이뤄지면 주저하지 않고 다음 단계로 나아가야 한다. 직업으로서 건축가를 경험해보니 절실히 깨닫는다. 삶은 멈추지 않고 흐른다. 삶의 소명을 이루기까지 끊임없이 나아가야만 하는 이유다.

건축 시공 감리 현장에서, 2019

파리 건축사 사무소 풍경, 2019

파리 아뜰리에 4+ 프로젝트가 성사된 날 건축 회사 식구들과 함께, 2019

르 프레누아 예술학교 전시

Dream Come True

"꿈은 이루어진다. 이루어질 가능성이 없다면
애초에 자연이 우리를 꿈꾸게 하지도 않았을 것이다."

- 존 업다이크

2018년, 휴학한 해에 나는 학교라는 틀에서 나와 현장으로 향했다. 건설 시공사와 대형 건축회사에서 실무를 경험하고, 건축기행으로 유럽 전역을 걸었다. 책에 다 담지 못했지만 프랑스에서 시작해, 독일, 스페인, 영국, 네덜란드, 이탈리아, 포르투갈과 스위스까지 유럽 곳곳을 걷고 또 걸었다. 젊은 날 세계 곳곳으로 나아간 이유는 결국 보다 높은 수준의 건축을 하기 위함이었다. 건축은 단순히 기능적 합목적성을 충족하는 기계가 아니다. 때로는 아픈 역사를 직시하게 해 인간을 회복시키고, 오늘날 복잡하게 얽힌 문제를 해결하며, 보다 좋은 인류 사회를 짓는 숭고한 일이다. 건축은 사회와 속 인간 사이의 관계를 조정하는 법과 제도처럼 작동되어, 인간이 자연과 더불어 살아갈 수 있게 하는 우리 모두의 책임이 따르는 공동체적 숙제다. 건축을 배우는 일은 역사를 기억하는 일이며 사회를 관찰하는 일이며 어떠한 삶을 살 것인지 생각하는 일이다.

2018년 9월 파리 건축학도의 마지막 해, 나는 현 건축계의 최전

방을 연구하는 현대 건축 스튜디오에서 수학하고 졸업하고자 했다. 친구 토마스와 함께 알랭 플래셔Alain Fleischer의 르 프레누아 예술학교 리노베이션 프로젝트 설계팀에 들어가게 되었다. 프랑스 학부 설계팀 14곳 중 가장 혁신적인 건축 설계관을 탐구하는 곳이었다. 담당 교수의 친구로 프랑스 라빌레트 공원을 설계한 세계적인 해체주의 건축가 베르나르 추 미가 지은 르 프레누아 예술학교를 리노베이션하기 위해 우리는 사이트 답사(건축 현장 조사)를 떠났다.

르 프레누아 예술학교는 프랑스 그랑제콜 출신 IT 개발자, 과학 연구원, 디자이너들이 모여 협업하는 특별한 기관이다. 각 분야의 박사 혹은 연구진들이 협업해 혁신적 발명품 혹은 예술품을 생산하고 있었다. 설계팀은 예술학교의 현 문제를 보수하고 연구진들은 주어진 빈 공간에서 파리의 교육 기관과 협업할 수 있는 코워킹Co-working 공간을 설계했다. 사이트 답사를 위해 방문한 르 프레누아 예술학교에서는 그들의 작업이 전시되고 있었다. 4차 산업혁명 AI 기술을 조형물과 접목한 발명품과 새로운 삶을 모색하는 아이디어는 프랑스 기술 혁신의 출발점이었다. 실제로 그곳에서 연구하는 사람들의 삶과 연구를 조사해 특별한 예술 기관의 아이덴티티를 만들어내는 것이 예술학교 리노베이션 프로젝트의 핵심이었다. 사이트 조사 마지막 날 우리는 예술학교 교장 알랭 플래셔와 해체주의 건축가 베르나르 추미와 함께 짧은 미팅을 가졌다. 검은 정장에 빨간 목도리를 한 베르나르 추미는 미팅 도중 담당 교수님께 작은 제안을 했다.

"엠마누엘 교수, 이번 학교 리노베이션 계획안의 최우수작을 뽑아 이곳 르 프레누아에서 전시를 한 번 해보는 게 어때?"

갑작스러운 그의 제안에 설계 스튜디오 학생들이 웅성였다. 세계적인 예술학교에서 건축 계획안을 전시한다는 것은 모든 건축학도가 꿈꿀 영광이다. 흔히 찾아오지 않는 중요한 기회였기에, 나를 포함한 14명의 현대 건축 설계팀 학생들 모두 자신만의 컨셉으로 새로운 예술학교의 시나리오에 치열하게 집중하며 몰입했다. 실제로 전시되고 많은 이들에게 공표되는 작품인 만큼, 철저하게 설계안의 교육과 상업적 아이덴티티, 구조적 디테일 모두 심혈을 기울여 각자의 프로젝트를 차근차근 발전시켜 나갔다. 내가 한 해 동안 유럽 건축기행과 현장 경험을 통해 축적해온 건축적 깊이를 보여줄 기회였다. 르 프레누아 예술학교는 기존에 있던 학교에 철구조 지붕을 얹어 기존 개념에서 탈피하고 그로 인한 중첩성, 연속성의 부정은 종전의 기능적 합리성을 무시한다. 랜드마크로서 도시 활성화를 유도하지만 단편성, 불균형성, 경사성, 사각 등을 만들어 불편함을 통해 새로운 경험을 만들고자 했다. 그러나 예술학교의 가장 큰 문제점은 '빛'이었다. 벽돌 구조로 지어진 학교 위에 철골로 된 다리 Passerelle가 중첩되어 춥고 불안정한 사각지대를 만들었다. 이 문제를 보수하고 동시에 해체주의의 강점을 부각시켜 새로운 아이덴티티를 부여하고자 했다.

프로젝트의 시작점은 농담(색이나 명암의 짙음과 옅음) 혹은 그 단계적인 변화를 의미하는 그라데이션이라는 키워드였다. 빛이 거의 들지 않는 기존 예술학교의 공간 단계에 따라 빛의 농도를 다르게 해 입체감, 공간감, 동적 효과를 주었다. 추미가 재설계한 예술학교의

'사이 공간'이 주는 건축의 이벤트성을 부각시켜 추가된 프로그램(연구랩)들이 서로 다른 이벤트를 갖도록 설계했다. 해체주의로 분할된 기존의 두 건축을 '그라데이션' 컨셉으로 통일시키고, 각 프로그램은 기존 해체주의가 가진 성격을 더욱 디테일하게 담아냈다. 또한 무거운 벽돌과 철골 재료의 약점은 유리와 얇은 철판을 사용해 보완했다. 새로운 개념인 '공간적 유연함'은 코워킹 공간의 핵심이 되었다. 마지막으로, 모두에게 주어진 학교 앞 공터를 예술학교의 새로운 정체성을 갖는 공간으로 재구성해 루브르의 피라미드Pyramid와 유리 대지와 연결된 삼각형 볼륨의 개방형 도서관으로 꾸며 공공시설로서 시민들과도 연결되는 독자적 랜드마크를 실현시켰다. 대지로부터 이어지는 형태의 볼륨을 본 교수는 '혁신적인 아이디어'라는 좋은 평을 주었다.

한 학기의 막바지 설계 마감이 다가오고 있었다. 르 프레누아 예술학교 전시를 앞두고 파리 그랑제콜 발드센 건축학교 내에서 계획안 발표가 시작되었다. 프랑스 북부 지역에서 현대 설계팀으로 합류한 여학생이 첫 발표였다. 건축가 베르나르 추미를 포함해 세계적인 현대 건축가들의 크리티(설계 비평)에 떨리는 여학생의 목소리는 보는 이들마저 긴장시켰다. 그러다 담당 교수도 중요한 전시를 앞둔 상황 속에서 예민한 듯, 시작한 지 1분조차 되지 않은 여학생의 발표를 끊었다. 곧바로 최종 설계 작품에 대한 비평이 시작되었다.

'저번 주까지만 해도 괜찮았는데, 갑자기 설계가 변경됐구나. 이 형태는 좀 불필요한 것 같은데?'

교수의 비판을 시작으로, 참석한 다른 건축가들도 여학생의 작품이 마음에 들지 않는 듯 헛기침을 냈다.

"자, 다음 학생."

6개월간 준비한 프로젝트는 15분 정도의 짧은 발표를 통해 심사를 받게 된다. 그 시간 안에 준비해 온 것들을 쏟아내지 못한다면 그동안 노력했던 시간이 무용지물이 되어 버리기에, 건축 설계 프레젠테이션은 설계자에겐 가장 중요한 시간이다. 모형을 정리하며 여학생이 보인 눈물에 가슴이 아팠다. 발표를 지켜보던 14명의 학생 모두 같은 마음이었을 것이다. 내 차례가 다가왔다. 준비해 간 패널, 모형, 디테일 모형을 전시하고 불어로 담담히 15분간의 발표를 마쳤다.

"문, 새로운 공간이 흥미롭구나. 너는 어느 나라에서 왔다고 했지?"

세계적인 해체주의 건축가 베르나르 추미가 손에 쥔 볼펜을 똑딱이며 내게 물었다.

"감사합니다, 저는 대한민국에서 왔습니다."
"다른 프랑스 학생들과 확실히 다른 너만의 무언가가 있는 것 같아 보였어, 멋지구나."

해체주의 건축가 베르나르 추미의 호평에 나는 안도의 한숨을 내쉬었다. 세계적인 건축가의 호평은 길고 긴 고민과 노력의 시간에 큰 보상과 위로가 되었다. 그러나 기뻐할 수만은 없었다. 함께 달려온 여학생의 과락 소식 때문이었다. 모든 설계 발표를 마치고 다 함께 샴페인을 터트리는 자리에서 담당 교수가 건축 계획안 전시를 하게 될 학생을 호명하기로 했다. 학생들은 모두 긴장했다. 그리고 교수는 과락한 여학생을 포함한 14명의 학생 모두에게 르 프레누아 예술학교 전시를 부탁했다.

"설계 평가는 공정해야 하니 오늘은 웃는 학생과 우는 학생이 생겼지만, 이번 예술학교 전시는 노력한 모두가 함께 발표했으면 좋겠다."

함께 밤새워 온 노력의 시간을 서로 잘 알기에 다행스러웠다. 마지막 졸업 작품을 시작하기 일주일 전, 한 주 동안 프랑스 북부 투르쿠앙Tourcoing에서 그동안 준비한 건축 프로젝트 설계안 전시를 열었다. 해체주의 건축가 베르나르 추미의 추진으로 열린 르 프레누아 예술학교 리노베이션 전시는 의미 있는 첫 건축 전시였다. 학생이 아닌 작가로서 참석한 르 프레누아 전시에서 관람객들과 가진 만남의 여운이 아직까지 남아 있다. 건축가로서의 첫 시작이자 그동안 꿈꿔왔던 것이 이뤄진 첫 순간을 앞으로도 잊을 수 없을 것이다.

건축은 자신과의 끊임없는 투쟁이다. 이 치열한 투쟁은 나의 생각을 실현시키는 과정이며, 사람들이 그 공간을 만나 행복해질 때 비로소 끝난다.

투르쿠앙 르 프레누아 전시, 2019

르 프레누아 전시 준비 크리틱, 2019

파리 그랑제콜 발 드센 르 프레누아 전시, 2019

르 프레누아 전시 계획안 발표, 2019

삶의 한 시퀀스를 마무리하며

It Ain't over 'Till It's Over

"삶은 도전의 연속이다.

끊임없이 '소명'을 찾아 새로운 '시퀀스'를 만들어가는 것이다."

- 손문

2019년 2월, 처음 프랑스에 온 지 벌써 7년이 되는 해 나는 한 여정의 끝을 앞두고 있었다. 내가 미국으로 처음 여정을 떠나 중국을 거쳐 이곳 프랑스까지 끊임없이 달려온 이유는 이 땅에 사는 목적인 나의 '소명'을 찾기 위해서였다. 나는 하나의 목표가 이루어지면 나를 비우고 새로운 목표를 세웠다. 내가 안주하지 않고 매번 새로운 도전을 한 이유는 잠재력의 한계에 대한 도전이자, 젊은 날 남들과 다른 길을 선택해 이 세상을 변화시키는 탁월한 리더가 되기 위해서였다. 미국과 중국, 프랑스를 경험하며 스스로를 끊임없이 확장시키고 시야와 견문을 넓힐 수 있었던 나날에 감사한다. 안도 다다오, 렘 콜하스, 노먼 포스터 그리고 자하 하디드 같은 세계적인 건축가의 길로 떠나기 전, 나는 대한민국 국민이라면 반드시 다해야 할 병역 의무를 위해 귀국을 결정했다. 7년의 긴 여정 끝에 파리에서 보낼 시간을 6개월 남겨두고 있었다. 그동안 경험하고 쌓아온 학문적 깊이와 생각을 마지막 시간 동안 글과 작품에 잘 녹여내어 삶의 또 하나의 시퀀스를 마무리하고자 했다.

10년 뒤 건축가라는 전문가 혹은 세계인으로서 공동체에 참여하고 활동할 나를 그리며, 최종 논문 주제 제목은 '건축가의 사회적 역할과 책임'으로 정했다. 중세부터 현대 사회까지 건축가라고 불리는 이들을 보면 각 시대의 철학자, 과학자, 시와 글을 쓰는 작가 혹은 예술가, 도시를 짓는 설계자 혹은 엔지니어로서 새로운 혁신을 주도한 지성인들이었다. 필리포 브루넬레스키Filippo Brunelleschi, 레온 바티스타 알베르티Leon Battista Alberti, 시대적 천재 예술가로 잘 알려진 미켈란젤로Michel-Ange 모두 성격은 조금씩 다르나 르네상스와 바로크 시대의 건축가였다. 근대의 윌리엄 모리스William Morris, 발터 그로피우스Walter Gropius, 르 코르뷔지에, 오늘날은 OMA의 렘 콜하스, 칠레의 사회적 건축가 알레한드로 아라베나Alejandro Aravena, 시적 건축가로 불리는 페터 춤토르Peter Zumthor까지. 나는 시대를 대표하는 각기 다른 성격을 가진 건축가들의 업적과 철학과 사상을 연구했다. 역사의 시간이 변화하며 직업이 더욱 세분화되었듯 오늘날의 건축가는 엔지니어, 교수, 작가, CEO 등 다양한 모습으로 활동하는 것을 볼 수 있다.

그렇다면 과연 건축가라는 단어는 어디서 시작되었을까. 으뜸 혹은 크다는 뜻의 'arch'와 기술 혹은 학문이라는 뜻의 'tect'라는 라틴어에 어원을 둔 이 영어 단어를 직역하면 '원학'이나 '큰 기술'이 된다. 성서에 하나님을 뜻하는 단어가 건축가라는 단어에 정관사를 붙인 'The Architect'로 기재된 것을 보면 알 수 있듯, 건축은 역사적으로도 사전적으로도 중요한 일이었다. 나는 변화하는 건축가라는 직업의 다양성과 직업적 소명을 논문에 보다 깊이 담아냈다.

불어로 채운 100여 장이 넘는 논문의 내용은 앞으로 새로운 글과 작품을 통해 하나씩 입증해 나가고자 한다. 건축물을 짓는 이는 경계 밖에 서서 사회를 관찰하며 잘못된 도면이 초래한 사회 문제들을 끊임없이 수정하고, 도면 위에 선을 그어 사회 관계망을 재조성하는 노력을 해 왔다. 18세기 오스만Haussmann, 스페인 세르다의 도시계획과 같은 거대한 프로젝트부터, 오늘날 초고층 빌딩의 프로그램을 재조성하는 렘 콜하스의 OMA와 비야케 잉겔스Bjarke Ingels의 BIG을 예로 들 수 있다. 빠르게 변화하는 혁신 기술을 갖춘 건물은 생산 속도를 확보하고 더 높은 디테일 공간을 디자인해 국가 경제 성장에 일조할 수 있으며, 도심에 활력을 불어넣어 시민들의 생산성을 끌어올리기도 한다. 그러나 궁극적으로는 기술을 통해 보다 인간다운 삶을 디자인해내는 것이 건축의 최종 목표이다. 그렇다면 무엇이 보다 인간다운 사회인가. 앞에서도 기술했듯, 개인의 자유의 폭이 넓은 사회, 다양성을 서로 존중할 줄 아는 사회, 저녁에 가족들이 함께 두세 시간 즐겁게 대화를 나눌 수 있는 사회, 제로섬 게임이 아닌 파이를 키우는 데에 자신의 소명을 발견하는 이들이 많아지는 사회가 내가 글과 건축을 통해 만들어가고자 하는 사회다.

이제 문제는 실천이다. 건축가는 똑같은 공간이더라도 더 질 높은 삶을 살도록 디자인하는 능력을 갖춰야 한다. 무차별적으로 찍어내는 획일화된 과거 건축 이념과 투쟁해 공간의 다양성을 사수해야 하고 소비자들이 높은 수준의 건축적 디자인을 분별할 수 있도록 정보를 제공해야 한다. 한국을 잠깐 둘러보니, 비용도 비용이지만 많은 사람이 환경적으로 무엇이 훌륭한 디자인이고 그것이 인간의 삶에 얼마나 직접적인 영향을 미치는지에 대한 정보를 접하기 어려운 듯했다. 자기 삶의 존엄성을 유지하는 '낭만'을 영위하는 것, 작은 공간의 변화가 그 변모의 첫 시작점이 될 것이다.

파리 그랑제콜 발 드센 건축학교의 졸업 작품은 학부 기간 동안 설계해 온 주택, 도서관, 문화센터, 집합주택, 공공 교육 시설과 같은 건물 단위의 프로젝트를 포함해 프랑스 북부의 한 마을 전체를 생태 교육 도시로 만드는 큰 규모의 프로젝트였다. 농업과 와인을 생산하는 마을 Caulnes 지역 대학 캠퍼스를 필두로 건축, 과학 전문가들이 모이고, 그들이 양성하는 학생들이 직접 도시를 만들어 가는 시나리오였다. 중앙 도시 파리와의 교류를 통해 자연 생태계, 4차 산업기술, 건축 설계 능력을 융합시켜 그 지역 삶의 모습에 맞게 농장에 있는 건물들을 하나씩 생성했다. 점점 밀집화되고 난민들이 모여 테러가 잦은 대도시 파리의 문제점을 보완하고 빈부격차로 인해 죽어가는 많은 프랑스 마을을 회생시키자는 목적하에 한 도시를 네덜란드 로테르담과 같은 친환경적 생태 교육 도시로 전환시켰다. 졸업 설계팀Trans Rural Lab은 프랑스 북부 노르망디 지역 Caulnes에서 2주 동안 생활하며, 그곳의 농민들의 삶을 직접 돕고 그 지역만의 건축적 재료, 전통과 문화를 접하며 그들의 삶을 연구했다. 그들의 생활 양식과 아름다운 자연을 보전하며, 생태 교육 도시가 갖춰야 할 전체 도시 계획의 구조, 도로망, 자연 에너지 발전소, 공원, 조경 등이 하나하나 시간에 따라 단계별로 세워지도록 프로젝트를 구체화시켰다. 전체 지역 에너지의 20%를 태양 에너지로 충당할 수 있도록 하고 좋은 자재를 사용해 에너지 절감형 학교와 연구소 등을 중심으로 도보와 자전거를 이용하도록 계획했다. 자원과 교육 환경이 갖춰지고 나서는 그곳에 살아가는 이들이 직접 필요한 건축을 할 수 있도록 증축을 위한 여유 공간을 남겨둬 경제적으로도 효율적인 설계안을 구성했다. 높은 빌딩 사이에서 컴퓨터와 대부분의 시간을 보내는 회색 도시의 삶에서는 누릴 수 없을 기술 혁신과 연구랩을 통해 새로운 유토피아 도시 담론을 모색하며, 자연과 인간의 삶이 조화롭도록 미래 50년의 시나리오 비전을 확립했다.

졸업 설계팀의 생태 교육 도시는 시간이 흐를수록 도태되기 쉬운 작은 도시를 파리와 연결하고 파리 등에서 와서 머무는 연구 개발자들이 서로 교류할 수 있는 코워킹 공간과 숙소, 서비스 공간을 구축해 지속 가능한 도시를 이루었다. 생태 교육 도시 계획을 통해 그동안의 관념으로부터 탈피하고 주민들이 서로 협동하여 자연과 함께 이뤄가는 지속 가능한 삶의 형태를 간접적으로 체험해볼 수 있었다.

2019년 6월, 프랑스 북부 지역 Caulnes의 시장이 있는 자리에서 프랑스 파리에서의 마지막 졸업 발표가 진행되었다. 시장은 가벼운 린넨 반팔 셔츠 차림이었다. 나는 머리에 직관적으로 떠오른 말로 발표 연설을 마무리했다.

"저는 동아시아 대한민국에서 프랑스로 건축을 공부하러 온 손문이라고 합니다. 저는 생태 교육 도시 프로젝트를 설계하며 새로운 인간 삶의 양식을 만드는 과정에서 위대한 비전을 갖게 되었습니다. 제 고향 대한민국은 휴전 중인 세계 유일한 분단국가입니다. 빠르게 발전한 개발 도상국이었던 대한민국에서 태어난 저는 도시의 삶에 익숙합니다. 그러나 새로운 자연 도시 속 인간의 삶을 제시하는 이번 프로젝트를 통해 반드시 이루고자 하는 비전이 생겼습니다. 우리 대한민국의 휴전이 종전되면 남과 북을 나누는 DMZ 평화의 땅에, 이번 프로젝트와 같은 새로운 삶의 양식을 제시하는 생태 교육 도시가 지어지길 바랍니다. 오늘은 과분한 꿈일 수 있으나, 가까운 그날 대한민국에 평화의 바람이 불어 자주력을 갖춘 한반도의 자연과 인간다운 삶이 깃든 문화 생태 교육 도시가 세워지길 소망해 봅니다. 이로써 긴 발표를 마치겠습니다. 감사합니다."

한국인으로서 세계 곳곳을 다니며 그 누구보다 대한민국의 평화를 원하는 나였다. 미국과 중국이라는 세계 패권 국가의 강력한 힘은 영토와 지리적 조건에서 나온다. 나는 남북한의 영토가 합쳐지고 자유민주주의 체제가 가진 '자유'와 '혁신' 그리고 공산주의 체제가 가진 '핵심 원칙'과 '자주성'을 갖춘 나라, 강대국 사이에 끌려다니지 않는 보다 자주적인 문화강국, 대한민국을 바라왔다. 대도심에서 자라온 삶에서 벗어나 새로운 삶을 볼 수 있는 큰 전환점이었던 이번 프로젝트를 통해, 우리 대한민국에서도 머지않아 가능하리라는 '소망'이 담긴 발표였다. 그곳에 함께한 이들 중 많은 프랑스인은 대한민국이 분단국가라는 사실조차 모르고 있었다. 그들에게 대한민국 청년의 비전 속 진심이 전해졌는지 교수님과 시장님은 진심 어린 답변을 해줬다.

"문, 사실 나는 대한민국이 분단국가라는 사실조차 모르고 있었네. 아픈 현실을 나눠주어 고맙네. 학생의 바람처럼, 비전을 품고 계속 그 길을 향해 나아가다 보면, 반드시 그 비전이 이루어질 것이라고 믿네. 당신은 분명 대한민국을 빛낼 훌륭한 건축가가 될걸세, 훌륭한 발표였어."

시장님은 내게 박수를 보내주었다. 준비해 간 발표 연설이 아니라 직관적으로 뱉은 말이었기에 시장님의 조언과 박수가 과분하게 느껴졌다.

"문, 멋진 발표였어. 이번에 한국 가면 또 언제 볼 수 있을까, 네 소식은 신문에서나 보겠지?"

생태 교육 도시를 함께 계획했던 친구 폴이 파리로 떠나기 전 내게 악수하며 얘기했다. 긴 시간 졸업 논문과 작품 발표를 마치고 파리로 돌아가는 기차 안. 파리에 오기 위해 준비했던 모든 과정과 이곳에서 보낸 열정의 시간들이 주마등처럼 스쳐갔다. 프랑스에 왔을 때부터 나는 나의 지적 성숙과 세계관의 창조를 위해, 유럽이 제공하는 것은 무엇 하나 놓치지 않으려 애썼다. 세계적인 건축가들과 교수를 통해 건축적 지식과 지혜를 흡수하기 위해 발버둥쳤고 더 이상 배울 것이 없다고 생각되면 세계적인 건축의 실체를 경험하기 위해 떠났다. 배움과 경험에 대한 강렬한 집착은 감상을 배제할 수 있도록 했고, 경험을 위해서라면 무엇이든 실행할 수 있었다.

나는 나의 목적을 이뤘다. 파리 그랑제콜 건축의 꿈을 이뤘고 세계의 지성 속에서 두각을 나타내는 포부도 이뤘으며, 프랑스의 엘리트 계층 사이에 동양인으로서 당당히 참여해보고 싶은 야망도 이뤘다. 세계적인 건축가들을 만나고 프랑스인들과 함께 강의를 들었으며, 프랑스 2세 한국인 학생들에게 신앙을 가르쳤다. 우리에게 주어진 세계가 얼마나 작은지 피부로 체감하고, 동시에 우리가 이뤄야 할 세계가 얼마나 크고 어려운 것인지 절감하며 더 큰 인간이 되기 위해 정진했다.

나의 뿌리 대한민국에 늘 빚진 마음이 있으나, 나는 한국, 미국, 중국, 프랑스의 시민이 아닌 '세계의 시민'이고 싶다. 국경을 초월한 정의와 자유, 인권과 환경을 고민하는 것을 멈추지 않을 것이며, 진보의 이념을 신봉하고 싶다. 앞으로도 건축에 국한되지 않고 무한하게 세계의 지성과 대화하고, 세계의 젊은이들과 함께 일하고, 세계의 어린이들을 사랑하는 인간이 되고 싶은 내 바람은 변함이 없을 것이다.

미국 이후 중국으로 떠난 그 순간부터 프랑스까지 8년간 나는 혼자였고 그리고 함께였다. 홀로 고뇌하고 공부하고 깨달아 왔지만, 때마다 만난 좋은 인연과 그들의 기대로 나의 삶을 지켜왔다. 한국에서 나의 타지 여정을 한결같이 믿어준 여의도 친구들, 미국에서 함께 우승을 이룬 농구팀 친구들, 중국에서 방황하던 시간 속 나의 꿈을 믿어준 유학 동지들, 프랑스 리옹에서 만난 하숙집 가족들, 파리에서 함께 밤을 새운 설계팀 친구들과, 파리 개척교회에서 신앙교사를 하며 만난 제자들과 유학생 친구들 모두 내게 큰 힘이 된 사람들이다. 그러나 무엇보다 가장 큰 버팀목은 하나뿐인 나의 여동생, 나를 믿어주시고 멀리서 늘 지지하며 마음 깊이 기도해주신 어머니와 아버지의 믿음과 사랑이었다. 그것이 오늘도 내가 나아가는 삶의 이유다.

사람들은 나의 삶과 꿈을 믿어주었고, 내가 세계를 떠도는 미완성의 지성으로만 머물지 않을 것이라고 늘 나를 북돋아줬다. 이제 나는 내가 만난 이들에게 보답하기 위해서라도 끊임없이 꿈을 꾼다.

이들의 확신은 미완성인 나의 오늘이 아니라 젊은 나의 무한한 꿈을 내다보는 것임을 안다.

나는 이들에게 보답하기 위해서라도 끊임없이 진보한다. 설사 삶이 힘들고 때로 좌절을 경험할지라도 무릎 꿇어서는 안 될 것이다. '인생은 자전거를 타는 것과 같다. 균형을 잡으려면 움직여야 한다'는 아인슈타인Albert Einstein의 명제를 가슴에 새기고 결코 제자리에 머물지 않을 것이다.

나는 신앙교사를 하며 가르쳤던 것처럼 끊임없이 베풀려 한다. '무릇 많이 받은 자에게는 많이 찾을 것이요, 많이 맡은 자에게는 많이 달라 할 것이니라(누가복음 12:48)'라는 성경의 말씀을 잊지 않고, 평생 갚아도 다 갚을 수 없는 이들의 사랑과 믿음을 나의 동료와 후배 그리고 후손에게 돌려주려 한다. 이들의 기대가 나를 통해 세상에 전파될 수 있도록, 그리하여 협력해 선을 이루는 역사를 세우는 데 일조할 수 있도록.

8년 하고도 더 긴 세월, 나를 지켜주신 하나님과 믿어준 이들. 이제 나는 더욱 성숙하고 강인한 모습으로 프랑스 파리를 떠난다. 한국, 미국, 중국 그리고 유럽. 내일이 그곳에서 나를 어떤 모습으로 기다리고 있을지 알 수 없지만, 늘 깨어 삶의 순간순간을 살아 숨 쉬며 멈추지 않고 전진할 것이다.

아, 삶의 시퀀스 그 모든 장면이 어찌 이리도 합당한 이유와 목적으로 가득한지, 장면 하나하나가 아름다웠다.

파리 그랑제콜 발 드센 건축학교에서 설계팀 폴과 함께, 2019

프랑스 북부 Caulnes 지역 생태 교육 도시 졸업 작품 발표 후, 2019

파리 그랑제콜 발드센 건축학교 정문에서, 2019

졸업 발표 후 설계팀 친구들과 함께 노르망디 북부 바닷가, 2019

졸업 발표 후 Caulnes지역 시장님과의 만남 중, 2019

스위스 바젤 바이엘러 재단 미술관 앞에서, 2018

베니스 비엔날레 〈Free-space〉, 2018

장 누벨의 필 하모니드 파리에서, 2018

파리 에펠탑이 보이는 트로카데로, 2018

시퀀스 그 후

빚진 마음, 윤동주문학관

Being Debt-Free

서시

죽는 날까지 하늘을 우러러
한 점 부끄럼이 없기를,
잎새에 이는 바람에도
나는 괴로워했다.
별을 노래하는 마음으로
모든 죽어가는 것을 사랑해야지
그리고 나한테 주어진 길을 걸어가야겠다.

- 윤동주

2019년 9월, 풍성한 단풍잎이 진 선선한 가을날이었다. 긴 프랑스 유학을 마치고 한국에 돌아온 내게 오랜만에 찾아온 비움의 시간이었다. 파리에서 학업과 사역 모두를 잘 마무리하고 나니 어깨가 좀 가벼웠다. 가을 단풍으로 물든 인왕산을 따라 북한산 방향으로 천천히 걷다 보니 파리에서의 시간이 스쳤다. 한국으로 떠나는 날 눈물을 훔치던 제자들, 힘든 타지 유학 생활을 함께한 형, 동생들 그리고 졸업 발표 날까지 밤새워 치열하게 설계를 함께했던 프랑스인 친구들 등 그리운 사람들이 떠오른다. 매번 새로운 계획을 세우고 떠나는 일은 쉬운 일이 아니다. 한 목표를 이루고 또 새로운 목표를 향해 안주하지 않고 나아가는 일엔 이별과 새로운 도전에 대한 불안감이 따른다. 그러나 목표는 결단 없이 이뤄지지 않기에, 인왕산 가을 단풍을 보며 나의 두 번째 고향 파리에 대한 그리움을 달랬다. 길을 따라 걷다 보니 작은 문학관이 보였다. 그곳은 아틀리에 리옹 이소진 건축가가 설계한 윤동주문학관이었다.

발걸음을 멈추고 들어간 곳은 시인 윤동주를 기리기 위해 용도 폐기된 수도가압장을 문학관으로 재조성한 곳이다. 시 〈자화상〉에 등장하는 '우물'에 영감을 얻어 물탱크의 윗부분을 개방해 중정을 만들었다. 제3전시실 '닫힌 우물'에서, 시인이 일본 후쿠오카 형무소라는 폐쇄적인 공간에서 겪었을 아픔을 조금이나마 느낄 수 있었다. 그러나 암울한 현실에서 쉽게 쓰이는 시가 부끄러웠던 청년 시인이자 독립운동가였던 그의 답답함을 완벽히 공감하기는 어려울 것이다. 내가 만약 그 시대를 살고 있었다면 오늘날을 상상할 수 있었을까. 역사는 내게 큰 의미를 갖는다. 시대는 내가 정할 수 없는 운명이기에, 선현들이 살다 간 역사적인 장소에서 그들의 생각과 꿈이 무엇이었는지 떠올리는 것은 오늘날 나의 삶의 태도를 변화시키기 때문이다. 전세대가 이루지 못한 시대적 소명은 후세대의 몫이며, 우리의 뿌리가 되는 역사를 잊지 않겠다고 생각한다. 해방 직후 오늘에 이르기까지 근현대 빠른 성장 속에는 선현들의 희생과 헌신이 있었다. 오늘날 우리 사회의 시대적 숙제는 무엇일까. 그리고 나는 앞으로 대한민국의 국민으로서 세계로 나아가 무엇을 할 수 있을까. 한참을 사색에 잠겨 성찰했다. 시대정신을 지닌 훌륭한 건축가는 전세대의 아픈 역사를 건축을 통해 오늘날 우리에게 전달한다. 우리는 아픔을 반복하지 않고 올바르게 살아가기 위해 역사 속에서 교훈을 얻기도 한다.

나는 가장 한국적인 것이 세계적일 수 있다고 믿는다. 미국에서 첫해에 영어 이름을 쓰고 정체성에 대한 혼란을 겪은 뒤 나는 어디를 가든지 한국 이름으로 나를 소개했다. 타국의 언어를 사용했지만 친구들에게 우리나라의 문화가 지닌 힘을 소개하는 것에 익숙했다. 프랑스어가 편한 2세 아이들에게 우리말로 교육을 했다. 서구 중심의 근현대주의 건축 설계에 동양 사상과 우리나라의 미를 접목시키고 한국의 선과 공간을 탐구해 왔다. 그 끈질긴 집요함이 세계적인 건축학교 교수들의 마음을 울렸고, 우리 민족의 아름다운 정서를 담은 비움의 공간과 내가 가진 철학을 작품을 통해 보여줄 수 있었다. 나는 해외에 적응할 때 불편하게만 느껴지던 나의 정체성을 받아들이고, 그들에게 있는 그대로 담대히 다가갔다. 나는 나의 뿌리인 대한민국을 사랑한다.

쭉 한국에서 자라온 다른 친구들에게는 당연하고 평범할 수 있지만 나에게 대한민국에 대한 집요한 애국심은 신앙처럼 나의 뿌리이자 기둥이 되는 신념이다. 해외에서 누구를 만나도 담대할 수 있는 자신감은 대한민국 국민이라는 정체성에 대한 자부심이었다. 이런 의미에서 대한민국 국민이라면 당연히 해야 할 군복무 또한 내게는 다른 이들에게보다 큰 의미가 있었다. 더욱 편한 학사 장교나 통역병이 아닌 DMZ(Demilitarized zone, 비무장 지대) 최전방에서 육군 현역으로 복무하겠다는 결심을 한 데에는, 세계를 돌아다니던 나의 마음 속 부채감을 덜어낼 수 있다는 이유가 있었다. 무엇보다 군에 대해 잘 모르시던 어머니께서 많이 걱정하셨던 것 같다. 훈련소 수료식에서 중대장 훈련병으로 어머니께 경례한 날, 아들의 입대를 바라보며 처음 보이신 눈물이 아직도 생생하다.

북한이 바라보이는 DMZ 제진포대, 2021

새로운 시작은 가치 있는 삶으로부터
Valuable Life Starts with Small Steps

"검토하지 않는 삶은 살 가치가 없다."

- 소크라테스

나는 눈이 쏟아져 내리는 대한민국 최북단 끝자락 DMZ 제진포대에서 이 책을 쓰기 시작했다. 대한민국 국민이라면 누구나 감내하는 병역 의무이기에 군에 관한 뻔한 내용은 적지 않으려고 한다. 주어진 군복무 기간 동안 맡을 수 있는 모든 보직(중대장 훈련병, 또래 상담병, 군종병, 특급전사 등)을 맡으며 성실히 임했다는 것 정도가 전부다. 나는 늦은 나이에 군에 들어간 만큼 주어진 개인 정비 시간을 활용해 세계로 나갈 준비를 했다. 육체의 한계를 시험해보기 위해 추가로 매일 2시간씩 운동하고, 지성의 욕구를 채우기 위해 매일 저녁 2시간 잠잘 시간을 줄여서 공부 연등을 하며 책을 읽었다. 북한의 도발로 늘 긴장을 놓을 수 없었던 일사분란한 집단, 군에서 내 영혼의 주체성을 지키는 '가치 있는 삶'을 살고자 했던 작은 노력이었다.

1년 반 동안 작은 국가에서 삶을 보내고 다시 세계로 나아가기 전, 내게 주어진 100년의 시간을 다시 되돌아보며 이곳 눈내리는 최전방 DMZ에서 삶에 대한 글을 쓰겠다고 마음먹었다. 10년 단위로 큰 꿈을 세우고 목표를 좇아오다 보니 시간이 정말 빠르게 흘렀다는 것을 새삼 깨달았다. 그리고 앞으로 내게 주어진 시간 동안, 내가 공들여온 삶의 시간을 따라 지구 공동체를 위해 무엇을 하는 것이 지혜로운 인간의 모습일지, 나의 미래를 하나하나 그려보았다.

10대에 미국, 중국, 프랑스를 경험하고 20대에 파리 건축과 유럽 건축기행, 개척교회 신앙교사, 파리 건축 시공감리자와 설계자로서 경험을 쌓았다. 군복무를 위해 귀국 후, 앞으로 다시 세계로 나아가 우리 국제 사회의 허리인 30~60대에 탁월한 세계인으로서 내가 도맡아 할 역할과 영역이 무엇일지, 70~100세 이 땅에서의 마지막 시기에 다음 세대와 후손을 위해 무엇을 남겨줄 수 있는지. 내가 걸어온 삶을 되돌아보고, 앞으로 걸어가야 할 길이 어디일지 구체적으로 상상하며 삶의 관한 글을 적었다.

나의 존재가 우리 지구 공동체에 '빛과 소금'의 존재가 되기를 그린다. 나의 뿌리 대한민국을 빛내고 썩어가는 현실 속 짠맛을 내는 한 인간으로 쓰이길 바라며 나의 '젊음의 도전과 꿈'을 있는 그대로 글로 적어 내렸다. 새로운 공간에서 삶의 철학에 관한 책을 출간하기까지, 오늘 이 순간까지도 수차례 고민했다. '때로는 침묵이 가장 좋은 답이 된다'는 가르시아 마르케스Gabriel García Márquez의 조언이 마지막 순간까지 나의 옷깃을 잡아당긴다. 그러나 나의 일관된 삶의 철학 속 진실함이 누군가에게 전달되어 그들 각자 소명을 발견하고 영혼을 깨운다면 그것이 나의 존재 이유가 아닐지. 나는 이 사회에서 내 고유의 잠재력을 결코 썩히게 두지 않고, 내 정신이 부정한 권력의 도구로 사용되게 두지 않을 것이다.

우리는 다양한 공간 혹은 공동체에 속한다. 태어나는 순간부터 필연적으로 집, 학교, 교회, 회사 또는 일터, 각종 모임 등의 공간 그리고 사람들과 함께한다. 서구보다 관계중심적 사회인 동양에서 개인은 너무도 많은 관계망에 존재한다. 미국 하버드대 임상심리학 교수의 말에 따르면, '사람은 타인과 끊임없이 대화하면서 마음의 질서를 유지한다'고 한다. 우리는 보다 편안한 질서 속에서 관계를 유지하는 것에 만족하며 살아간다. 이렇게 생각하는 사람들로 둘러싸인 사회에서 새로운 변화를 시도하는 것은 생각조차 하기 힘든 일이다. 그러나 단 하루를 살더라도 관념 속에서 군중들의 생각에 휩쓸려 사는 것이 아닌 자기 자신의 존재 목적대로 살고자하는 것, 그 노력이 '소명'을 찾는 노력이다. 내 안에 잠재되어 있는 고유의 가능성을 끄집어내어 끊임없이 끌어올리려는 노력, 그리고 그것은 언젠가 시간과 사건에 맞아 티핑 포인트를 통해 어마어마한 질적 변화와 영향력을 만들어낼 것이다. 그러므로 우리는 끊임없이 경계 밖에서 나 자신과 우리 사회를 성찰해야 하며, 자기 영혼의 가치를 잊지 말아야 한다.

군이라는 조직에서 내가 잃어간 것은 내 삶의 고유한 빛이 되는 생명선, 바로 '자유'였다. 살아 숨 쉰다는 것은 눈을 뜬 그 순간부터 매 순간 깨어 자유롭다는 의미이며, 소명을 향해 도전을 멈추지 않겠다는 의미이고 내가 있는 곳에서 책임을 다한다는 의미이다. 돈이나 입신의 문제보다 후회하지 않는 삶을 살고자 하며, 성공이란 집의 크기나 통장 잔액이 아닌 남들이 덜 다닌 길을 찾아 나갈 용기와 자유의지임을 믿고, 도전하는 새로운 모험 속에서 나 자신의 한계를 깨고 얻는 '성공(자아실현)'을 이루려 한다. 하나의 성공을 이루면 멈추거나 지체하지 않고 도전해보지 못한 영역으로 나아갈 것이다. 이 끊임없는 도전 과정 속 장면들이 하나하나 모여 삶의 '시퀀스'를 이룬다. 내가 눈을 감는 날, 나의 긴 100년 삶의 과정을 돌이켜 보았을 때 후회하지 않은 삶을 살았다면 그것으로 충분하다.

긴 글을 통해 그동안 세계로 나가 도전한 '경험의 길'을 나눴다면, 시간이 흘러 30년 뒤에는 도전의 결실인 '검증의 삶'을 나누고 싶다. 어떤 실수나 실패도 경험이라는 편리한 틀에 미화할 수 있는 시간도 이제 얼마 남지 않았다. 나의 실패는 나뿐만 아니라 내 주변 사람과 함께 더불어 살아가는 사람들 모두를 불행하게 만들기에, 실패란 절대 용납할 수 없다. 나는 인간의 모든 결실이 자신의 노력, 시대 공간 그리고 하늘의 운명, 이 세 가지의 조각들이 완벽히 하나로 맞추어질 때 이루어진다고 생각한다. 하늘의 판단과 능력을 믿고 그 뜻을 지켜 행하는 한 '세계 모든 민족 위에 뛰어나게 하실 것'이라는 신명기의 성경 구절을 믿는다.

나 하나 책임지지 못하면서 감히 사회와 국가에 대한 꿈을 말할 수는 없다. 앞으로의 계획은 반드시 나 자신의 가치를 인정받고 스스로 만족하는 것 이상의 의미가 있어야 할 것이다. 내가 누린 치열한 삶의 축복을 동시대를 살아가는 이들과 함께 나눌 수 있어야 하며, 누군가에게 이바지해야 한다. 나의 오늘이 수많은 이들의 헌신과 선도 덕분에 이루어진 것인데, 어떻게 내일을 이기적으로 영위할 수 있는가.

'완벽한 삶'을 좇아온 나의 청춘, 나는 나이가 들어서도 진보의 도전을 멈추지 않으리라. 산을 이루면 또 다음 고개를 오를 것이다. 부와 명예보다 내가 꾸는 큰 꿈을 이루고, 그 결과를 공동체에 베푸는 '위대한 삶'을 좇을 것이다. 더 나아가 나의 목적과 실현이 그저 자기 만족이 아닌 이웃과 사회, 세계에 대한 기여로 빛을 발할 때 비로소 그 삶은 완성될 것이다. 이러한 기여의 꿈을 가진 사람이 많은 세상이 행복한 세상 아닐지.

또 다시 세계로 나가기 전, 나는 생의 첫 글을 매듭지었다. 질서를 넘어 혼돈 속에서 가능성을 찾고 나만의 질서를 세웠다. 새로운 공간에 나를 던져 성찰하고 자각하며 어둠 속에서 비로소 나라는 빛을 마주했다. 살아 숨 쉬는 순간마다 지적 탐구와 실제적 경험을 통해 변하지 않는 삶의 철학을 세웠다. 이 차이와 반복을 죽는 순간까지 멈추지 않을 것이다. 그동안의 내 삶을 글로 모두 적어냈으니, 더 이상 과거를 회상하며 돌아볼 필요도 그럴 시간도 없다. 이제 또 새로운 공간으로 새 '소명'을 찾아 떠날 것이다. 삶은 멈추지 않고 계속 흐르며 우리는 나아간다.

나는 오늘, 내일의 '시퀀스'를 또 한 장 넘긴다.

2022년 여름

"혼자 걷는 것은 아주 힘든 일이다.
하지만 그 길로 인해 당신은 아주 강한 사람이 될 것이다."

손문

감사의 글

비전으로 떠난 모험의 여정 속 지혜가 담긴 젊은 건축가의 글을 이 세상에 나오도록 함께 나서주신 범우사 윤형두 회장님과 윤재민 사장님 그리고 김영석 실장님께 감사드린다. 설익은 초고를 읽고 격려와 조언을 아끼지 않은 사단법인 케이메세나네트워크의 김은주, 박서희 님과 범우사의 김혜원, 윤실 님에게도 감사의 마음을 전한다.

떨어져 있지만 늘 함께 소명을 이뤄가고 있는 사랑하는 여동생과 장남의 도전의 여정을 늘 믿고 기도해주시는 아버지와 어머니에게 이 글을 직접 전해드릴 수 있다면 더할 나위 없이 좋을 것이다. 10여년 우정으로 늘 응원해준 친구들과 미국, 중국 그리고 프랑스 리옹과 파리 유학 당시 함께한 유학생 친구, 형, 동생들의 그 고마움도 잊을 수 없다.

내 삶의 크고 작은 도전 가운데 도움을 준, 파리 아틀리에 4+의 이지영 선배, 세계적인 거장 건축가 베르나르 추미와 국립 현대 예술학교의 교장 알랭 플래셔와 함께 르 프레누아에서 전시를 열도록 도와주신 엠마누엘 두트리오Emmanuel Doutriaux 교수님과 DMZ 평화도시 계획안에 대한 구체적인 조언을 아끼지 않으셨던 꺄트린 라누Catherine Rannou 교수님, 더불어 손문만의 독자적 건축을 끄집어내도록 이끌어주신 노르베르 로랑Norbert Laurent 교수님에게도 감사의 경의를 표한다.

끝으로 아주 어린 시절 처음 유학을 떠난 그 순간부터 오늘까지. 그리고 앞으로 죽는 순간까지 나의 삶을 인도할 살아계신 하늘 아버지께 이 책을 바친다.

“매 순간 ‘남들이 가지 않은 길’을 선택한 이유는,
그곳엔 누구도 살 수 없는 나만의 ‘시퀀스’가 기다린다는
‘위대한 믿음’이 가슴속 깊은 곳에 살아 숨 쉬고 있기 때문이다.”

손문

시퀀스

초판 1쇄 발행 2022년 8월 18일
초판 3쇄 발행 2022년 11월 30일

지은이 손문
펴낸이 윤형두 · 윤재민
펴낸곳 종합출판 범우(주)

등록번호 제 406 - 2004 - 000012호(2004년 1월 6일)
(10881) 경기도 파주시 광인사길 9 - 13 (문발동)
대표전화 031)955 - 6900, 팩스 031)955 - 6905

홈페이지 www.bumwoosa.co.kr
이메일 bumwoosa1966@naver.com

ISBN 978 - 89 - 6365 - 437 - 9 03810 (무선)
ISBN 978 - 89 - 6365 - 472 - 0 03810 (양장)